백두 자작나무

진 관 시집

백두 자작나무

서문

2013년 11월 18일 백담사 결제에 갔다가 마음이 변해 돌아섰다. 그 길로 인제 원대리 자작나무 숲길을 택해 갔는데 그곳에는 자작나무 108만 그루가 천상의 정토를 이루고 있음을 발견하고 천상의 도솔천에서 내려온 미륵을 만난 기분이다.

자작나무 숲길을 걸으면서 한 권의 시집을 창작해야겠다고 생각했다. 이 같은 심오한 자연의 미학은 어떤 미학보다도 아름다움을 표상하고 있다는 것을 선사들처럼 깨달았다.

설악산에 살아도 돌산에 사는 몸같이/ 천상에 올라앉아 참 나인 줄 모르던 이/ 하늘에 옷 벗은 사슴 눈뜨고 일어나라.∥ 백옥같이 고운 살결 어루만져 보았다./ 동해바다 물결이 하이얀 그림 그려/ 물감을 뿌린 황토밭 잠을 청해 보련다.∥ 어깨를 서로 기대 다정도 하련만은/ 미움이 떠난 그곳 미소만이 가득하여/ 여기가 꽃 피는 마을 아름답다 말하네.
　　　　　　　　　　　　　　　　—〈자작나무 숲길〉

아직도 이 깨달음의 의미를 모르고 화두를 타파하려고 칠통같이 깜깜한 밤을 헤매고 있듯이 내가 찾아간 백담사이지만 수행하는 눈 밝은 선승들을 만나지 못하고 돌아선 몸이지만 나는 참말로 이 지상에서 말할 수 없는 자연의 존재를 알았다.

한 편의 그림으로는 그릴 수 없을 정도로 가슴 벅찬 자작나무 숲길을 걸었다. 이러한 세상이 있다는 것, 사람의 힘으로 이루어진 천상의 도솔천에 온 기분이다. 자꾸만 생각이 난다. 어리석은 자의 말소리 잊을 수 없구나. 잊어야지 하고 생각하면 잊을 수 없는 지난날들의 추억.

어느 고승이 말하기를 "여기가 참 좋다." 하기에 시인이 말하기를 "여기가 바로 극락입니다."라고 하였더니 노승이 "극락에 가 보았어?" 그러기에 "바로 여기가 극락입니다." 하니 "시자侍者는 고승과 농담하는 것입니까?" 하여 나는 아무런 말도 하지 않고 그 시자의 눈알만 바로 보았다. 아무런 말도 하지 못했는데 마음속으로 시를 쓴 뒤에 말하리라 마음을 먹었더니 내 머릿속에서 그 시자의 눈알이 화장터 뼈로 떠올라 참을 수가 없다. 이제 여기 자작나무 숲길 벌거숭이 보살의 몸을 보고 있는 겨울 초입에 이르러서 나목보살의 아름다움을 노래할 수 있어서 좋다.

물론 백두 자작나무.

2013년 11월 결제날
진 관 합장

진 관 시집 　　　　　　　　　　　　　　**백두 자작나무**

□ 서문

제1부

첫눈 길―자작나무 숲길·1 ──── 15
황토 바람―자작나무 숲길·2 ──── 16
천상의 마을―자작나무 숲길·3 ──── 20
천상의 놀이터―자작나무 숲길·4 ──── 22
벌거숭이 알몸―자작나무 숲길·5 ──── 23
옹달샘―자작나무 숲길·6 ──── 26
움막집―자작나무 숲길·7 ──── 27
어둠이 오는 숲―자작나무 숲길·8 ──── 28
발바닥 같은 길―자작나무 숲길·9 ──── 30
산승의 길―자작나무 숲길·10 ──── 31
백마의 행복―자작나무 숲길·11 ──── 32
도솔천 미륵―자작나무 숲길·12 ──── 33
사랑의 혼―자작나무 숲길·13 ──── 34
애무―자작나무 숲길·14 ──── 35
기러기 떼―자작나무 숲길·15 ──── 37
무녀―자작나무 숲길·16 ──── 38
봉황무―자작나무 숲길·17 ──── 39
별들의 노래―자작나무 숲길·18 ──── 41
입산 금지―자작나무 숲길·19 ──── 43

백두 자작나무　　　　　　　　　　진 관 시집

제2부

47 —— 메아리의 통곡―자작나무 숲길·20
49 —— 실뱀의 노래―자작나무 숲길·21
50 —— 밤이 깊은데―자작나무 숲길·22
52 —— 봄바람·1―자작나무 숲길·23
54 —— 꽃길―자작나무 숲길·24
55 —— 담장 밑에 흐른 물―자작나무 숲길·25
56 —— 높은 하늘―자작나무 숲길·26
57 —— 푸른 색동저고리―자작나무 숲길·27
58 —— 얼어붙은 강―자작나무 숲길·28
59 —— 옥색 풀밭―자작나무 숲길·29
60 —— 녹색 옷 입고―자작나무 숲길·30
62 —— 하늘로 오르는 영혼―자작나무 숲길·31
63 —— 길 밖에 푸른 눈동자―자작나무 숲길·32
64 —— 난초 꽃에 얼굴을 묻고―자작나무 숲길·33
65 —— 잠을 청하는 청개구리·1―자작나무 숲길·34
67 —— 쑥꾹새·1―자작나무 숲길·35
69 —— 태양은 솟아―자작나무 숲길·36
70 —— 아직은 내 삶의 뒤안길에는―자작나무 숲길·37
71 —— 솔방울도 없는 빈 방―자작나무 숲길·38
72 —— 봄바람을 몰고 오는 구름―자작나무 숲길·39

진 관 시집   　　　백두 자작나무

제3부

백두산 오르는 길—자작나무 숲길·40 ——— 75
두만강 가에 서서—자작나무 숲길·41 ——— 77
북간도를 지나서—자작나무 숲길·42 ——— 79
꽃아 진달래야—자작나무 숲길·43 ——— 81
자작나무 숲길의 토土집—자작나무 숲길·44 ——— 83
검정 장삼을 입고—자작나무 숲길·45 ——— 85
신새벽이 오면—자작나무 숲길·46 ——— 87
초롱불 켜고—자작나무 숲길·47 ——— 89
너를 안고 살아—자작나무 숲길·48 ——— 90
푸름에 잠들어—자작나무 숲길·49 ——— 92
산란山蘭—자작나무 숲길·50 ——— 94
노오란 꿈—자작나무 숲길·51 ——— 96
먹구름·1—자작나무 숲길·52 ——— 98
땅속 깊은 골에—자작나무 숲길·53 ——— 99
하늘을 벗 삼아—자작나무 숲길·54 ——— 100
타는 듯이 타는 자작나무 숲—자작나무 숲길·55 ——— 102
백두산 자작나무 숲—자작나무 숲길·56 ——— 104
바위를 안고—자작나무 숲길·57 ——— 106
나의 영혼이 집을 짓고—자작나무 숲길·58 ——— 107
자작나무의 혼—자작나무 숲길·59 ——— 108

백두 자작나무　　　　　　　　　　　　진 관 시집

 차 례

제4부

115 ——— 천마도장니 天馬圖障泥 – 자작나무 숲길·60
120 ——— 하늘을 향해 – 자작나무 숲길·61
121 ——— 초여름 – 자작나무 숲길·62
122 ——— 껍질을 벗기어 – 자작나무 숲길·63
123 ——— 노을아 – 자작나무 숲길·64
124 ——— 태양을 안고 – 자작나무 숲길·65
125 ——— 다람쥐 놀이터 – 자작나무 숲길·66
126 ——— 길 밖에 누가 있어 – 자작나무 숲길·67
128 ——— 검은 구름도 멈춘 길 – 자작나무 숲길·68
129 ——— 해인사 팔만대장경판 – 자작나무 숲길·69
134 ——— 잠을 청하는 청개구리·2 – 자작나무 숲길·70
135 ——— 쑥꾹새·2 – 자작나무 숲길·71
136 ——— 황금 옷을 입으셨네 – 자작나무 숲길·72
137 ——— 지진이 일어난 땅 – 자작나무 숲길·73
138 ——— 아직은 내 삶의 무덤 앞에 – 자작나무 숲길·74
139 ——— 푸름에 안겨 – 자작나무 숲길·75
140 ——— 봄바람 속으로 들려오는 소리 – 자작나무 숲길·76
141 ——— 진달래꽃이 피어난 들판 – 자작나무 숲길·77
142 ——— 가을날의 추억 – 자작나무 숲길·78
143 ——— 하늘 밖에 있는 반달 – 자작나무 숲길·79

제5부

붉은 노을아—자작나무 숲길·80 ——— 147
몸—자작나무 숲길·81 ——— 148
자작나무의 의지—자작나무 숲길·82 ——— 149
꿈—자작나무 숲길·83 ——— 150
자작나무 숲 아래—자작나무 숲길·84 ——— 151
비단길—자작나무 숲길·85 ——— 152
은어들의 정원—자작나무 숲길·86 ——— 153
바람의 영혼—자작나무 숲길·87 ——— 154
산골짝의 꿈—자작나무 숲길·88 ——— 156
붉은 물감을 먹은 산등—자작나무 숲길·89 ——— 157
바람 소리에 눈뜬 심청—자작나무 숲길·90 ——— 158
길 밖에 붉은 옷 입고—자작나무 숲길·91 ——— 159
산아 너는 밤을 부르지 말라—자작나무 숲길·92 ——— 160
인제 수리산 자작나무 숲—자작나무 숲길·93 ——— 161
숲 속의 여왕—자작나무 숲길·94 ——— 162
호수 위를 거닐며—자작나무 숲길·95 ——— 163
천리마는 달리고—자작나무 숲길·96 ——— 164
산정에 올라—자작나무 숲길·97 ——— 165
은구슬 눈알—자작나무 숲길·98 ——— 166

백두 자작나무　　　　　　　　　　진 관 시집

제6부

171 ——— 자작나무 숲밭 — 자작나무 숲길 · 99
172 ——— 봄바람 · 2 — 자작나무 숲길 · 100
173 ——— 옷을 벗어라 — 자작나무 숲길 · 101
174 ——— 여름 — 자작나무 숲길 · 102
175 ——— 먹구름 · 2 — 자작나무 숲길 · 103
176 ——— 가을 — 자작나무 숲길 · 104
177 ——— 눈길 — 자작나무 숲길 · 105
178 ——— 눈밭에서 — 자작나무 숲길 · 106

▫ 해설_진철문
▫ 맺는 글
▫ 진관 스님 수행 이력

제1부

첫눈 길
— 자작나무 숲길·1

숲길에 이르니 첫눈이 내린다.
자작나무가 키를 서로 견주면서 하늘로 오른다.
밤이 깊으면 깊을수록 하늘 밖 별처럼
황토밭 구렁에 기대인 몸이 되었다.

한 걸음 두 걸음 발길을 옮기면
찬바람이 얼굴을 스치고 지나가도
무섭게 밀려오는 바다 파도

구름 사이로 보이는 것들은
하나씩 멀리로 가는데
손을 내밀듯이 내밀어도
보이는 것이라고는 오직
자작나무 숲길이다.

이제 내가 해야 할 일은 어둠이 내려오기 전에
산을 내려가는 거, 길이 험해도 아주 험해도
자작나무 숲길에 내린 눈을 밟는다.
첫눈을 밟으며 걷는다.

황토 바람
— 자작나무 숲길·2

  황토 바람이 불어오는 길을 더벅머리 풀고 오른 나비 날개를 펴지 못할 개미가 왕비를 맞이하듯이 삶을 노래하는 시간 잠을 청하는 오후

  나비를 찾아 옷을 벗어 버리고 일어난 허수아비도 멀리에서 백마를 몰고 달리던 고려 장수들 같은 호령
  그 목소리가 산정을 휘어잡고 밤을 재촉한다.

1.
산은 저만치에서 벼슬 관을 쓰고 임금이 된 몸
그 밤에 신하 된 역사를 기억하려는 꽃밭

2.
풀벌레도 없는 빈 들판에서는 자작나무가 옷을 벗었다.

3.
옷을 만들지 못한 종족이 있었는지 아무리 불러도 대답이 없는 몸

4.
반쯤은 죽어도 된다고 그랬던 것 같아 이것을 기억해야

할 자연이다.

5.
　세상을 등지고 살자 언약했던 초상집 여인도 반쯤은 무당이 된다.

　무당의 옷자락을 붙들고 살아도 그 밤의 예언을 기억할 수 없다.

6.
　밤은 저 멀리에서 오고 있는데 그날의 추억을 그림이라도 그리려고 그렇게 엎드렸다.

　손발이 문드러지도록 걸음을 재촉이라도 해야지

　이것이 그날의 언약이라고 말하지

　말을 몰고 달리던 그 밤 선사는 산을 들고 일어나고 여인은 옷을 벗어 던진다.

7.
산을 내려가야 한다고 외치는 바람이 있다.
바람은 산을 들고 있어나 춤을 춘다.

거미가 집을 지을 수 있는 기술을 배움을 통해서 아는지 알 수 없지만 거미도 집을 짓고 사는데
나는 어이하여 머물 집을 짓지 못하나

저 거미만도 못한 삶이여.

8.
눈이 내린 것을 그림으로 그리려고 했는데 그림을 그릴 수가 없구나. 이렇게 말을 하자니 말이 나오지 않아

침묵으로만 바라보았던 나목 그것을 바라보고 있으니
비 온 뒤에 무지개가 자작나무 숲을 안고 일어난다.
푸른 숲을 기름으로 붓고 불을 지르던 가을 밤

9.
하늘에 별이 내려오기 전에 내려가야지 가는 길을 멈추

고 있으니 나의 영혼이 살아서 말한다.

  아득히 먼 하늘을 오르기 위해 춤을 추어야 하는 토끼 얼굴에 분을 바르고 일어나 바라본다.

  나의 육신에 기름을 바른다.

천상의 마을
— 자작나무 숲길·3

천상의 마을이다. 이렇게 키를 더해
하늘만 하늘로만 보고 올라가고 있는 나무
자작나무 숲길이 이렇게 아름다우냐

말로써는 다할 수 없는 세계
나무의 영혼이 있다면
바로 나의 영혼도 나무

불꽃에 잠을 청하는 사연들 같은 몸으로
세상의 저쪽에서 물감을 칠할수록 슬픈 하루
바로 나의 육신이 서 있는 모습

이빨도 없이 있는 허리 굽은 말
말등에 올라앉아 달린다.

전쟁터에 나간 장수들이 노래하는 언덕
그 언덕에 앉아서 피리를 분다.

아프리카 사막에서 불어오는 모래바람 같은 열기로
벌거벗은 여인의 옷자락을 붙들어도 소용 없는 겨울

더럽혀진 마음속에 연정을 막고자 하여
은장도를 들고 있는 춘향이로구나.

천상의 놀이터
— 자작나무 숲길·4

천상의 놀이터다.
눈이 쌓였다.

산등에 핀 꽃을 바라보니
나무 숲길에 오른 까마귀
나의 등을 밀고
백두산 천지에 오른 몸 같은 별빛 그림자

이별을 고해야 한다고
그렇게 말해도 말을 잊고
아버지를 잃고 눈물을
동해바다만큼 흘린 몸

여기에 와서 가슴을 열고
통곡이라도 하렴
그러면 흘러가는 구름처럼
무딘 심장이 될 것이다.

타는 심장에 불꽃이여
이제는 멈추어 다오.

벌거숭이 알몸
― 자작나무 숲길·5

족두리를 풀라고 말했더니
벌거숭이 알몸으로 땅에 엎드려 울어
눈물이 그렇게 많아도 병이다.

울지 말라고 말할 수 없는 사연
이것이 말을 몰고 달리는 들판
폐허가 된 산천에 서 있는 자작나무 아이들
그 아이가 잠을 청한다.

잠이 오지 않는 것은 일기장을 쓰기 위해
밤이 깊어도 오지 않는 여인을 기다려
그러한 눈물을 흘려 본 일 없어
아무리 슬프다고 해도
대답을 하지 못한 문제풀이다.

오죽했으면 가슴을 숨기고 눈물을
흘리었나를 생각해 보았지만
해답은 없다 없어

밤이 깊으면 하늘에 떠 있는 별에게 물어봐

이 말을 전할 뿐이다.
나는 더 이상 할 말이 없다.

없어요
없어요
11월의 들판은 풀뿌리가 잠을 청하는 연습
사람의 일이라도 잠을 청하는 것은 밤을
그리워하기에 그러나 보다

아직도 눈에서 빛이 난다면
고구려 시대 바보 온달이 평강 공주를 안고
달음질하던 산정에 올라왔다.

정녕 그날의 전설이 말을 하고 있는 듯이
백마가 잔설 밭에 엎드려 있어
여기가 백록담 바위 턱
그 바위 턱 밭인 양
눈을 부릅뜨고 있구나

내가 오르는 숲길에 국토는

붉은 옷을 갈아입고 있는 황토밭
그 밭에 알을 낳고 있는 뻐꾹새
옷을 벗어 숲길에 걸어 놓고
밤을 부르고 있구나

아직 별이 떠오르기에는 일러
푸른 솔 끝에 맺혀 있는 이슬방울처럼
찬 서리 같은 여인의 눈물
나의 마음에 손수건으로
닦아 주마
자작나무 보살아.

옹달샘
— 자작나무 숲길·6

자작나무 숲길을 걸어가는 미륵아
산 아래 옹달샘 마시며 걸어가마
가는 길 멀다 말해도 가야 할 도솔천궁

길 잃고 헤매는 산양을 바라보니
아이들 안고 울던 망부석 같은 몸으로
한생을 살아야 하는 운명처럼 서 있네

바람이 불어오는 사연을 잊었다나
한 생각 말자 말해 동해바다 물살도
여기는 아무 사연도 없는 텅 빈 바다여.

움막집
— 자작나무 숲길·7

바람이 되었다가 구름이 되려느냐
자작나무 옷 벗어 걸어 둔 움막집에
아이도 잠을 청하는 노을이 이불 깔아

발버둥거리다가 눈을 뜨고 일어나니
여기가 천상 뜨락 미륵보살 놀던 숲
내 이제 말을 다해도 듣는 이가 없구나

오늘밤 숫처녀로 다시 태어난다고
그렇게 언약해도 믿고 믿어 주렴아
배 아픈 사연도 없는 인연의 몸이었나

온 산에 서 있는 여인의 옷자락 붙들고
한생을 그림이라도 그려 보자꾸나
이렇게 눈물 적신 밤 애달픈 사연이라고….

어둠이 오는 숲
— 자작나무 숲길 · 8

어둠이 오기 전에 산을 내려가
산 아래 무사히 내려가는 것
그것이 나의 임무였다.

길을 잘못 택하면 찾을 수 없는 옹달샘
그 물을 마시는 인연도 참 좋다.

이 같은 사연이 나를 안고
어딘가로 가야 할 인연
여기는 정토세계

아미타불이 있는 산정
누구나 고통이 있는 이여
자작나무 숲에 앉아 있으면
모든 꿈이 이루어진다.

꿈을 먹는 까마귀
아들을 생각하는가 보다.

엎드려라 어서 엎드려

산신령의 호령 소리가 들려온다.

나는 가진 것이 없으니
겁날 것이 없다.

발바닥 같은 길
— 자작나무 숲길 · 9

발바닥을 문질러 보아라
발바닥에 금이 간 이유

산을 오르지 않아
그러한 발바닥

맨발로 오르는 산
자작나무 키를 보니

소쩍새가 울던 이유
이제야 알 것 같구나

바람이 참으로 차구나
속살이 벌렁거리고 있는데
눈물이 많은 보름달은

저 산등에 벌써 올라
나의 검은 옷자락을 붙들어
온 밤을 새워 땅을 치며 운다.

산승의 길
— 자작나무 숲길 · 10

산문 밖에 버림받아 길을 떠나왔는데
그것이 오히려 복 대복을 얻었다고
이렇게 말하려 하니 별이 먼저 웃는구나

풀밭도 소멸하여 보이는 것이라곤 잔설
꽃이라고 말하자니 해님이 미소 짓고
지나간 전설을 알고 나의 옷깃을 접네

세상을 등진다고 등질 수 없는 몸
한평생 살다 보면 꿈꾼 날도 있어
이것이 나의 전설을 말해 주리라 믿는다.

백마의 행복
― 자작나무 숲길 · 11

백마야 너는 행복하구나. 이렇게 말한다.
전생에 맺은 인연이 이처럼 장식된 사랑
이 말을 전하는 것은 행복의 신비가 말하는 인연
그 인연을 기억하게나. 자작나무 숲에 살고 있는 말아
아무리 두려운 세상이라고 해도 여기는 행복한 밤
그 밤을 에워싸고 돌고 있는 물레방아의 속삭임같이
벌거숭이 알몸으로 뒹굴던 사랑으로 남아 있구나
푸름에 잠들어 일어날 줄 모르는 사연 하나가
오늘 이렇게 남아 있다는 것은 꿈이 아니다.

참으로 행복이라는 것이 무엇을 말하는지
이제 알 것만 같은 사연이 남아 있는 숲
진실로 사랑한다는 말 한마디 못하고 돌아선 언약
자작나무 숲길에 엎드려 울던 부엉이도
말아 너만을 그토록 그리워하고 있구나

이제는 절대로 너를 잊지 않으마
땅에서 솟아오르는 풀 기운을 붙들어
깊은 물속에 흐르는 물살을 보듬고 있는 별
별은 저토록 이름을 부르고 있는데도
잠에 취해 있어 일어날 줄 모르는구나.

도솔천 미륵
― 자작나무 숲길 · 12

산을 들고 일어나는 자작나무야
너만을 애타게 부르고 있는 도솔천 미륵은
오늘도 너의 숨결에 잠을 청하고 있구나

지상에서 뽐내던 그 모습은 아마도
천상에 어느 공원에서 놀던
은빛 금붕어 옷을 만들어 입고
거닐던 숲이 아니더냐

내 이렇게 서서 바라보고 있으리니
어느 여인의 옷자락에 감긴 쪽빛 비녀가
길게 늘이고 눈웃음치는 미소 같은 입술
그 입술에 타는 노을이 녹는다.

바람아 불어라 어서 불어라
그렇게 샘이 나던 천상에 여인도
여기 지상에서 옷 벗고 있는 여인
웅달샘 가에 옷 벗어 놓고 목욕하는 몸
숲 속 멀리에서 보이는 몸 구름 사이로 보이는 몸
자작나무 미학에 잠을 청한다.

사랑의 혼
— 자작나무 숲길 · 13

자작나무를 안아 본다.
뜨겁게 타는 심장 속에 흐르는 정은
은빛 손가락으로 걸던 언설

천만년을 너와 함께 살자 약속하던 밤
하늘에는 별들이 쏟아질 듯 쏟아지는데
그 하나의 별이 너의 영혼이 되었나 보다
어서 받아 다오 손을 내밀었다.

은빛 입술에 기대인 몸
영혼의 숨소리가 들려오고 있어
아주 작은 사연을 기억하렴아
이제 망부석이 되어도 좋다.

백옥같이 고운 너의 젖가슴에 안겨
어디에서도 느껴 보지 못했던 사랑
너의 깊은 숨소리에 잠들고 싶다.

애무
― 자작나무 숲길 · 14

나는 너의 몸에 안기여 잠을 청한다.
너는 전생에 나의 영혼을 잠깨워 주었던 사랑의 혼이다.
옮기는 발걸음마다에 보이는 것이라고는 황홀한 구슬
그 구슬 같은 얼굴이 나의 등을 밀고 일어나는데
참으로 다정한 몸 정이 넘치는 물살 같은 몸
나는 너의 눈에서 흐르는 눈물을 받아 마신다.
아주 먼 날에 나의 심장에 안겨 잠을 청하는 몸
그 몸의 순결을 지키려고 은장도를 품고 있는 몸
달리고 싶다 달리고 싶구나 하고 말해도
달리지 않고 그 자리에 서 있는 자작나무

온몸에 흐르는 피가 땅속 깊은 바위결에 안겨
허연 입술로 입맞춤하는 꽃밭에 나비 같은 몸
처음 맨 처음에 너의 가슴에 안겨 울던 사연
지금도 그 밤을 잊을 수 없다 말하자
너처럼 곱게 생긴 그 몸을 소유했던 나는

옷을 벗어 던지고 일어나 잠을 청한다.
옷을 입지 않고 울고 있는 너의 모습
금강산에 오르던 선녀의 의상 같구나

무지개가 다리를 만들고 있는 자작나무
너의 순결한 모습에 나는 취해 잠을 청한다.

기러기 떼
— 자작나무 숲길 · 15

자작나무가 키를 서로 높이려고
푸른 하늘을 향해 고개를 들고 일어나고 있는데
하늘 저 멀리로 날아가는 기러기 떼
어디로 가는지 알 수 없구나

여기에 잠시 머물다 간다면 어떠리 하니
고개를 내밀고 하늘을 향해 절을 한다.
하도 그 모습이 아름다워 천상의 여인이
옹달샘 가에 옷 벗어 놓고
목욕하는 그 모습 같다.

바람이 불어와 옷깃을 흔들고 있는 듯
하이얀 얼굴에 분도 바르지 않았는데
분냄새가 자작나무를 감싸는구나
자작나무야 너는 어이 그러한 옷을 입고
지상에서 가장 멋을 내고 있는 비단옷
그 비단옷 자락에 감겨 잠들고 싶구나
받아 주렴아 자작나무야.

무념
― 자작나무 숲길·16

바라보면 바라볼수록 키가 커지는 숲
나는 너의 육신에 기대어 바라본다.
안개가 자욱이 너의 얼굴을 감싼 아침
보름달이 떠올라 너의 몸을 감싸려나
너무도 샘이 나는구나

밤이 오기 전에 오직 너만을 기다려
아직 밤은 올 시간이 아닌데
숲 속에는 벌써 구름이 내려와
선사들이 외치는 화두를 버리고
너의 온몸에서 풍기는 향기를 맡으련다.

자기를 속이고 남을 속이는 화두는
자작나무 숲길에 오면 쏟아진다.
지금까지 속인 죄업을 씻어
아주 깨끗한 몸으로 씻고 또 씻고
그대로 보고만 있어도 행복하구나.

봉황무
— 자작나무 숲길 · 17

아주 먼 날에 봉황이 춤을 추었다.
본래 노래를 부르지 못한다고 하여
산문에서 쫓겨났던 인연
그토록 애달픈 사연이 하나 남아 있는데
아직도 바위에 금이 가는 소식을 모르고 있어
밤은 자꾸만 바람이 되어 몰려오고 있는 시간
무엇을 위하여 잠을 청해야 하나
은빛으로 물든 그림을 그리려고 한다.
고구려 화가인 담징이 여길 왔으면
봉황이 잠을 청하는 그림을 그렸겠다.

아무도 없는 산 아래에는 너무도 고요한데
산 위에 오르는 길을 택하면 행복한 사연
그 사연 하나가 자작나무 숲길을 만들고
잊었던 사연들을 모두 불살라 버리고
제삿날에 놋그릇 녹이는 여인이 된다.

숨을 내쉬어라 어서 내쉬어라
몸으로 소리친 인연의 한숨 소리가
눈이 쌓여 걸음을 옮길 수 없다.

말하고 있는 여인의 앙칼진 목소리
자작나무 숲길을 지쳤나 보다.

별들의 노래
― 자작나무 숲길·18

날이 저물어 온다. 밤이 깊어 온 시간이다.
산등 위에 올라앉아 바라본 하늘에 별들을 헤아린다.
움막집에 누워서 꿈을 꾸던 장수들 같은 모습으로
돌아오기만을 기다리고 있는 여인의 몸
그 밤을 그렇게 잊지 못하고 있는
아득히 먼 날에 있을 그리움들
그 그리움들이 말하고 있는 산정
호수가 멀리에 보이고 있는데 헐떡거리며
달려온 뒤 숨바꼭질하는 소녀들 같은
인연의 숲 자작나무 숲길을 기억하자

구름이 산을 들고 일어나 말하고 있는데
알아듣는 이가 누구인지 알 수 없구나
버림받아 태어난 몸도 아닌데 버림받아
산문에서 버림받아 쫓겨난 몸 같은
선사들의 편향적인 자본에 놀지 말자

그 모든 것이 하나의 꿈이라고 말하지만
말하는 이들에게 있어서 설법은 거짓이야
하나의 화두를 타파한다고 선전해 놓고

그 하나를 들고 앉아서 세월만 보내는데
그것이 공부라고 선전하고 있는 선사는 바보다.

입산 금지
― 자작나무 숲길 · 19

눈이 내리면 입산 금지다.
그러한 법을 어기고 산행을 강행하였다.
처음으로 맛본 된장 맛 같은 숲길
그날을 기억하는 이들에게 행복

자작나무 숲길에 이르니
참으로 좋다고 말할 뿐
그 누구에게 전할 게송
동해바다의 용왕도
금강산의 산신령도

용문산에 마의태자가 심었다고 하는 전설도
그림을 그리는 이들에게도 한 장의 사진을 복사하여
마음 깊은 골에 잠들게 했으면 한다.
아득히 먼 날에 있을 그리움들을
하나둘씩 남기고 가련다.

산 위에 오르는 길마다에 옷을 벗어 놓고
무지개 울타리에 황소가 소리 지르는 밤
나의 발등에 돌이 놓인 사연을

아무도 모르고 있으니
별은 오직 하나의 몸
내 작은 호수에 배를 띄운다.

제2부

메아리의 통곡
― 자작나무 숲길·20

아무리 불러도 대답이 없는 메아리였다.
밤이 깊은 밤 나도 모르게 목 놓아 불러 본 사연 하나가
사다리 같은 초가지붕 위를 오르던 구름을 바라본다.

먼 날 진달래꽃이 피어오르는 산등에 밤은
몽고 병사들이 큰 칼을 차고 달려오는 소리
그 소리를 듣고 놀라는 초승달이다
내 언덕의 노을 터에는 토끼들이고 일어나
만세라도 부른 개미 같은 종족들이
시간을 붙들고 울던 소쩍새 되어
마을마다 북소리를 울리고 잠을 청한다.

나비야 어디 가니 청산 가지 말해도
자작나무 숲 사이로 보이는 태양은
아득히 오랜 시간의 벽 속에 벌레처럼
그렇게 살다가 잠을 청하는 날 내린 소나기
도롱뇽의 입술에 칼을 물리는구나

삶을 위한 삶이란 거짓이다.
바람을 몰고 오는 천둥치고 벽을 부순

칼을 차고 달려들던 허수아비는
말을 몰고 달리는 고난과도 같은 숲
자작나무 숲에 기대어 옷을 벗는다.

실뱀의 노래
― 자작나무 숲길·21

산을 보듬고 실뱀이 얼굴을 숨긴다.
백두산 오르는 길에 서 있는 자작나무를 보았다.
너무도 아름다움에 취해 있었던 날을 기억해 본다.
그날 같은 사연이 파도처럼 밀려오고 있는 오늘
석주 대선사가 그리워지는 것은 무엇인지
자꾸만 떠오른 사연이 나를 잠들게 하고
꿈에서 깨어나는 몸이 되라고 하신
그 밤의 역사를 가슴으로 깊이 새기며
내 영혼의 노래를 부르게 한다.

자작나무를 바라보고 있으면 백두산으로
가던 그 길에 앉아서 참선을 하였던 전설 이야기
그렇게 들려오고 있는데 그 길을 잊을 수 없다.
그날에도 분명 얼굴에 분을 바르고 서 있던
새각시의 모습 그대로였을지도 모른다.

아직은 잊을 수 없지만 생각나는 바위
참개구리들이 모여서 노래를 부르던 봄
나는 아직도 그 긴긴 밤을 그림 그린다
푸름에 속삭여 보는 다정한 사랑의 꿈
자작나무 숲에 안겨 잠을 청한 개구리.

밤이 깊은데
— 자작나무 숲길 · 22

저물도록 푸르러 산을 들고 일어난다.
나는 아직도 긴긴 잠에서 깨어날 줄 모르는데
푸름은 속살을 오려내는 아픔을 참고 견디며
산길을 오르고 있는 안개를 바라본다.
안개에 잠겨 가죽옷을 입던 그 밤
자작나무 등걸에 안겨 울던 까마귀
무슨 사연이 있길래 그토록 긴 밤을
얼룩말처럼 산길을 올라가야 하나
내 몸 안에 흐르고 있는 피의 흔적은
솔개 한 마리 날개를 펴고 온다.

잠을 청하는 여인의 숨소리가 멈춘 날
길게 늘이고 달려가는 죽음의 흔적들이
사막을 지나가는 폭풍우 같은 별들의 꿈
여기 파도가 몰고 오는 모래알을 굴린다.
여기는 분명 아프리카 사막길이 아니다.

손을 빌려 다오 어서 손을 빌려 다오
다정하게 속삭이며 오르는 숲길
개미도 집을 지을 굴을 찾아 나선다.

파고 또 파고 무너트린 산자락에
무지개가 다리를 놓고 있구나.

봄바람 · 1
― 자작나무 숲길 · 23

자작나무 숲 사이로 봄바람이 불어온다.
바람을 맞으면서 숨을 내쉬고 오르는데
거북이 등살 같은 바위
그곳에 잠을 청하는 참새가 된다.
임진란 때에도 승병이 은닉한 바위굴에는
새도 울지 않았던
이야기가 들려오고 있는 평양의 기생 같은 봄바람
산 아래에 흐르고 있는 옹달샘을 마시며
아주 편안한 삶을 기억하게 하는 쉼터
이곳으로 몰려오고 있는 것은 분명
전쟁에 나아간 아들을 찾아 나선 여인이
옷을 벗어 던지고 누워 있는 하이얀 몸이다.

이것은 분명히 말하자면 행복을 위함이다.
언제나 이처럼 잠을 청하는 일이지만
새벽에 솟아오르는 별들을 바라보고
산길을 향해 달려가는 멈춤이 없는 별
그날처럼 그렇게 빛을 내리고 있구나

내 인연의 숨바꼭질하는 세월은 아직

먼 길에 이르는 학의 부리가 되었다.
도끼날도 필요하지 않아 하늘로만 오는
저 숲길에 이르는 이들의 숨소리가
내 심장에 흐르는 피가 되어 흐른다.

꽃길
― 자작나무 숲길 · 24

잡을 듯이 잡힐 듯이 손을 내밀고 일어난다.
얼음장 밑으로 흐르는 물살을 보듬고
진달래꽃 무덤을 어루만지는 꽃길

꽃아 피어나라 어서 피어나라
억새풀이 잠을 청하는 오후
시간의 저쪽에서 피리 부는 소쩍새
봄날의 기적을 그림으로라도 그리려나

생의 마지막 운명의 기적을 바라는 이들아
어서 여기 자작나무 숲길로 오라고
하늘로 오르기만을 기다리는 것
그것을 언약이라고 하렴아

그날 밤 지친 이들이 옷을 갈아입고
무덤 터에 울던 이별의 노래로
이제는 부를 것이 아니라
꽃길을 가꾸는 개미같이
새 희망의 입술로 잠을 청해라.

담장 밑에 흐른 물
― 자작나무 숲길·25

자작나무 키를 붙들지 못할 것인데
담장 밑에 흐르는 물소리를 듣는다.
봄날에 꽃이 피어나고 있는 밤

청개구리가 이빨을 드러내고 있는 담장
푸름에 푸른 눈에 옷깃을 여밀고 오는 봄
자작나무 아래에 앉아서 정각을 이룬다.

나의 깨달음을 이루기까지
흐르는 물살을 먹고 또 먹고
풀벌레도 부처가 된다는 신념

청개구리가 알을 낳고 있는 아침에도
산길에 별들이 내려와 입술을 깨물고
무명 저고리를 입고 눈물을 흘린 미륵
바람은 그렇게 왔다가 어디로 가는가
낯설기만 한 바람이다.

높은 하늘
— 자작나무 숲길·26

하늘이 너무도 높이 보인다.
진흙 밭에 능구렁이가 알을 낳고 있는 새벽
자작나무는 허물 벗은 입술로 옷을 입힌다.

여기에서 더 가릴 것이 없으니
보이는 것이라고는 눈물이다.

봄날에 내리는 빗방울을 깨물면
진흙땅에 엎드려 뱃살을 짓이긴 능구렁이
쳐 놓은 하늘 끝을 향해 오르는 구름

구름 벽에 물고 있는 풀벌레 같은
바닷가에 갈매기가 일어나고 있는 숲
그래 내 삶의 전부가 불에 타고 있구나.

푸른 색동저고리
― 자작나무 숲길·27

푸른 색동저고리 입고 살았다.
자작나무 나이를 바라보고 있으니 세월이 간다.
세월이 그토록 지나가는 배를 타고 가는
여인의 옷자락 같은 몸을 만들고
베틀에 앉아서 밤을 새우던 할머니가
할아버지를 생각하면서 뜬 눈으로 새우던 운명
그 운명의 수레를 굴리고 가야 하는 세월
푸름이 더욱더 아름다운 손길을 내민다.
이제 나를 안고 가렴아 어서 가렴

물살이 휘몰아치는 바닷가에 서 있는 태양
은빛 옷을 입고 울고 있는 소녀를 바라본다.
바다는 금시 깊은 밤을 깊은 설움을 달래지만
말을 몰고 달리던 고려 장수들의 목소리가
산을 들고 일어나 난리를 피하라 외친다.

하이얀 학이 날개를 펴고 오는 숲 속
푸른 색동저고리를 입고 울고 있는 소녀
올라가라 어서 올라가거라 말하고 있는 별
하늘은 자꾸만 높아만 가고 있는데
자작나무도 그 하늘을 향해 오른다.

얼어붙은 강
— 자작나무 숲길 · 28

멀건 하늘이 구름을 몰고 오는데
꿈을 먹고 사는 이들이 옷을 입고 오는구나

그날같이 나의 손을 잡고 눈을 감는다.
눈꺼풀이 두터운 몸
내 몸을 감싸고
산을 들고 일어난다.

옷을 입어라
하늘가에 잠을 청하는 돌거북
뒤돌아볼 시간이 없구나

천리 만리 멀리 떨어진 무지개가
다리를 놓고 있으니 행복하구나
바라보면 볼수록 아름다운 바위.

옥색 풀밭
― 자작나무 숲길·29

옥색 풀밭이다.
산은 저문 밤에 깃발을 흔들고 있는데
바람이 몰려왔다가 가는 동해바다 파도가 된다.

날개를 펴다오
검게 타고 있는 땅
그 땅 위에 서 있어도
밤은 나를 안고 간다.

밤바람이 불어오는 산을 올라가는 배
물살이 갈라지고 저물어 오는 밤
온종일 땅을 치며 통곡하던 여인

설움에 겨운 한을 구름밭에 올린다.
파도여 몰아내자 물결치고 있는 이유
은빛 풀밭에 앉아 잠을 청하는 허수아비.

녹색 옷 입고
— 자작나무 숲길 · 30

녹색 옷을 입었다. 밤이 깊어 가는 시간이다.
마른 풀밭에 누워 있는 미륵의 후신들도
잠깨어 속삭인다.
깃털이 덮여 있는 옷을 입고 있는 설산의 보살
그 보살의 전설을 이야기하는 몸부림도
땅 위를 기어오르는 재주를 지녔다고 말하는 사연
그 사연 하나가 녹색 옷을 입고 일어나
설산에 수행승 같은 인연을 맺었던 정
땅에 살고자 하여 여기에 자리를 잡았는데
아직도 땅을 고르지 못하고 있음이다.

바람이 되었다고 말하고 있는 노승의 다비장
불꽃이 피어오르고 있는 날을 기념이라도 하자
이것이 바로 신라 선덕여왕이 불에 타는 순간
자작나무에 감긴 옷을 입고 하늘로
오르던 그날의 밤이 그립구나

밤이 깊으면 밤을 부르는 아이들같이
내 삶의 무덤 터에 집을 짓고 있는 목수들
금강산 신계사 대웅전 대들보를 만진다.

은빛이 내 삶의 뒤안길에 깊었다.
내 삶의 꿈을 꾸면서 지친 몸을 부른다.

하늘로 오르는 영혼
― 자작나무 숲길 · 31

아이들아 자작나무를 보듬어라
은빛 색깔을 깔고 앉아 잠을 청하자
푸른 산 푸른 샘물을 마시는 개미
개미가 산등을 향해 오른다.

푸름에 잠든 집을 짓자
가난에 겨운 일들을 잊고 살자

내 몸 안에 흐르고 있는 피
산등을 후려치고 있는 불도저
무거운 발걸음을 멈추게 한다.

세월이 밤을 부른다.
아이들아 어서 잠을 청해라
날개를 펴고 날아가는 구름
그 구름에 안겨 놀자.

길 밖에 푸른 눈동자
― 자작나무 숲길 · 32

길 밖에 푸른 눈동자가 보인다.
눈빛을 그림으로라도 그려 보자 촛불을 켠다.
밤은 등살을 뒤흔들고 있으니
무지개가 다리를 만들고 있구나

해인사 팔만대장경판에 새긴 경전
나의 육신에 금이 가는 아픔을 안고
피리를 불면서 달려온 몽고군같이
설움에 겨워도 울지 못했던 길

전쟁에 나간 아들을 기다리다가
잠들어 있는 무덤 터 같은 임자 없는 무덤
그 무덤 안에 누가 있는지 알 수 없다.
봄이 오면 자작나무 숲 사이로
그날의 영혼이 살아서 말한다.

난초 꽃에 얼굴을 묻고
— 자작나무 숲길·33

난초 꽃에 안겼다. 어디에서 왔는지 알 수 없다.
푸름을 머금고 울고 있는 산제비도 떠나간 빈 방이다.
애를 낳게 해달라고 소원을 빌었던 조선의 여인이었다.
말없이 잠을 청하는 초상집
황소가 소리를 지르고 있던 그믐밤
고려의 장수들이 물에 빠져 죽은 영혼을 위해
천도재를 올리고 있는데도 불구하고
이성계의 거짓 참회 눈물 같은
하루해가 지나가고 있구나

자작나무가 키를 높이고 있는 것도 경쟁
누구든지 대응할 수 없는지 기대해 본다.
그리하여 밤은 나를 안고 가자 하는데
밤은 나를 안고 자자고 말하지 않았다.
내 방은 허공 가운데 있는 구름 방이다.

태양은 누구를 위해 오르는지 모른다.
하지만 태양은 만물을 위해 오른다고
그렇게 선포한 일을 기억하고 있는가
아무도 없는 빈 방에 앉아 있는 보살
청동불이 불에 타는 세월을 기억한다.

잠을 청하는 청개구리·1
— 자작나무 숲길·34

잠을 청한다. 하루 종일 잠을 잔다.
배가 고파도 먹을 줄도 모르면서 잠을 청하는 몸이다.
그날에 기억을 알고 있는 이들이 있다면
그것은 지나간 시간의 언약일 뿐
아무리 지우려고 해도 지울 수 없는 것은
지킨 지조를 생각하려는 어머니의 품안이다.
그 품안에 안겨 있는 것은 자유다.
이것을 말하고자 하여 한 편의 시를 쓴다.
그 시가 살아서 오는 청개구리다.
그날에 있었던 약속을 지키려고 하지만
지킬 수 없는 것은 꿈만 먹고 살았다.

설악산에 오르는 구름을 바라보고 있음에
청개구리가 바위를 들고 일어나고 있는 몸
그토록 큰 바위도 두려울 것이 없다.
이렇게 말해도 믿지 않는 불신의 몸
이제 잊어라 어서 잊어라 말한다.

청개구리가 옷을 벗고 있을 때까지
밤은 아직도 멀리에 있지만 천둥 번개

내려치는 봄밤은 멀기만 하구나
진달래꽃이 피어오르는 산길에
벌거숭이 알몸으로 바라보고 있구나.

쑥꾹새·1
— 자작나무 숲길·35

바위 아래로 물이 흐른다. 물을 먹고 살자
조상들을 믿고 살았던 인연을 기억하게나
전설 같은 이야기가 들려오고 있는 자작나무 숲길
그 길에 졸면서 부처님께 불공드리고 있는
늙은 할머니의 치맛자락을 휘어잡고
동자승이 하품을 하면서 눈을 감고
청나라에 끌려갔다가 구사일생으로 살아 돌아온
복만이의 외삼촌 이야기가 아직도 들려오고 있는데
천상의 목소리를 닮았다고 하여
그렇게 소리를 내고 노래 불렀던 쑥꾹새

일만 봉을 오르는 거북이가 옷을 벗고
마지막 바위에 오르는 기쁨을 아는가
바위굴에 앉아서 졸고 있는 선승도
깨달음을 향해 온몸을 불태운 촛불
그 촛불의 의미를 알고 있는지

쇠북을 울리면서 돌아선 인연의 고리를
이제야 풀어 젖히고 잠을 청하는 호랑나비
그대는 분명히 말하지만 자유를 몰라

자유라는 것이 바위를 굴리는 몸이다.
제삿밥을 차리는 고승의 염불 소리다.

태양은 솟아
― 자작나무 숲길 · 36

몸에 피를 뿌린다. 태어난다는 아픔이다.
쪽빛 비녀를 머리에 이고 살자고 언약한 약속을
그리 쉽게 파기할 수밖에 없었던 인연들은 자연의 이별
이별이라는 이름으로 하루를 보내는 사연
돌밭에 서 있는 미륵의 혼령같이
자작나무도 애 낳는 진통을 겪어야 하는지 말하지 못해
백두산 천지에서 솟아오르는 폭포수같이
무지개가 다리를 만들고 있는 석굴암
부처님의 이마에 구슬이 흐른다.

신라의 천년을 기억하게 하려고 했나
아무리 잊으려고 해도 잊을 수 없는 사연
그 사연 하나가 잠을 청하는 계절이다.
밥을 먹으면 졸음이 오고 있는 이유
그 이유를 알고 싶으면 졸거라
몇 날 며칠을 졸고 있는 선승들의 이마
그 이마에 구르는 구슬이 되었나
동해바다에서 솟아오른 아침 태양을
가슴에 안고 살자 그렇게 맹서해도
자작나무 숲길에 찬란한 태양은 솟는다.

아직은 내 삶의 뒤안길에는
— 자작나무 숲길·37

아직은 내 삶의 뒤안길에는 꽃길이다.
꽃이 피어나는 담장에 기대어 바라본 하늘가에
무지개가 애를 낳고 있는 연습을 하고 있는 봄밤
만해의 마누라가 아들을 낳고 고추를 매달아
그 모습을 보고 집을 뛰쳐나와 부처님 품안으로
그렇게 왔다고 기록하고 있는 것을 읽었다.
솔직히 말하자면 가식이 없다고 말하지만
그날에는 비난도 빗방울처럼 쏟아졌다.
고개를 들고 길을 지나갈 수 없었다.

여기 설악산을 등지고 바라본 작은 산
그 산줄기에 심었던 자작나무가 말한다.
온종일 춤을 추며 노래를 부르고 있는데
이것을 기념이라도 할 인간들이 모여들어
내 작은 가슴을 울리고 있는 사연을

산등 위에 솟아오르고 있는 구름을 본다.
구름은 바람을 먹고 방귀를 뀌는데
바람이 대피리를 불면서 달린다.
말굽 소리를 내면서 하늘 길로
지쳐 있는 돌 다듬은 돌쟁이도.

솔방울도 없는 빈 방
― 자작나무 숲길·38

자작나무에 취했다. 기를 펴고 일어나지 못한다.
하이얀 옷을 입고 있는 은어의 모습을 하고 있는 모습이다.
솔씨가 되기 위해 눈이 오는 날부터 참고 견디는 인욕
송진을 발라서 벌레들이 들어오지 못하게
밀랍을 만들어 봉안했던 고승의 사리탑
그 탑을 조성하는 데 힘을 다하였던 장인들은 아직도
깨달음을 얻지 못하고 있는 몸으로
청솔가지에 매달려 있는 솔방울

우주가 생긴 이래로 옮겨 왔던 솔방울
그 솔방울도 인연을 다하면 소멸을
그렇게 꿈을 꾸고 있는 자작나무 숲
그 숲에 서 있는 청송이 애처롭다.
나비도 춤을 멈춘 밤이 깊었다.

나비야 어디로 가려고 그러느냐
애 못난 여인도 여기에 와서 울지 않아
그 밤을 부르는 이슬 같은 찬 방울
그 방울을 얻어 돌아간 다람쥐
아침 찬 이슬에 밤을 부른다.

봄바람을 몰고 오는 구름
― 자작나무 숲길·39

봄바람을 몰고 오는 구름을 안고 돌아
가는 길 멀다 하여도 멈추지 않는 하루
어둠이 온다고 해도 지킨 지조 알았다.

바람이 차가운 사연을 아는 이 없다.
자작나무 숲 사이로 몰려오는 구름 밥
흙밥을 먹고 살았던 개미도 떠나는구나

자작나무 서 있는 자리마다 금빛 꿈
타는 듯이 붉게 물든 산을 굽어 돌아
천년을 기억하렴아 돌탑이라도 세우자.

제3부

백두산 오르는 길
— 자작나무 숲길 · 40

백두산에 가 보았다. 가는 길마다 자작나무 숲이다.
벼슬 버리고 살았던 일본 식민지 시절의 백두산은 아니다.
하늘로 올라가는 나무가 더 높은 자리를 차지하려고
손을 내밀었다.

내 손을 잡아 다오. 말해도 듣지 않던 바위
그 바위 위에 앉아 있는 독사는
말굽 소리를 내고 천둥을 치고 번갯불이 되어
온 산을 점령한 몽고 군사들 같은 구름이 달려온다.
몸을 피하려고 들어간 숲 속에는 한 마리 노루가
향기를 풍기면서 꼬리를 흔들어 나를 반긴다.

모두들 놀래어 하늘을 바라보고 소리를 지른다.
여기에 행복의 노래가 울리고 있는 이유를
알고 있는 이들이 한둘이 아니라는 것을
그런데 그 숲 속을 버리고 있는 이들
무슨 그림을 그리려고 그러는지 알 수 없다.

바람이 불어와 바다처럼 지나가는 구름을 몰고
백두산 높은 봉우리에 솟아오르는 태양을 본다.

두려움이란 하나도 없는 폭포수에 몸을 씻고
천상에 오르는 미륵의 미소에 잠을 청한다.
백두산 오르는 길을 그림이라도 그리자꾸나.

두만강 가에 서서
― 자작나무 숲길 · 41

두만강의 물줄기가 세차게 동해로 흐르고 있는데
무심히 바라보고 있는 것은 지나가는 먹구름만이 아니다.
지난 세월 지킨 조선의 여인들 같은 절개를 말하는
평양의 기생들도 옷 벗어 던지고
땅을 지키려는 몸으로 일어선 그날
백두산은 폭포에 쏟아지는 물방울을 안고
일본 장수의 목을 휘어잡고 떨어진 논개처럼
자작나무 숲길에 서서 하늘을 바라본다.
지금은 잠에서 깨어나 지난날의 추억을 생각하지만
잘못 판단했으면 모든 것을 빼앗기고 말았다.

지켜 다오 한 치의 물러섬도 없이 지켜 다오
찬바람이 불어오는 길을 가로질러서 밤이 오기에
내려가지 않으면 잠을 이루지 못하는 두만강 가
잊어버린 사연을 하나둘씩 찾아 나서면
그곳에 아름다움이 있다는 것을 알아

시간은 자꾸만 지나가고 있는데도 불구하고
기다린 이들이 온다는 전설을 믿어야 한다.
믿음이 없는 자들은 허망한 잠꼬대에 길을 잃고

산노루의 눈깔에 밤을 부르고 있는 초승달
너의 눈썹에 깃발 흔들고 오는 바람이다.

북간도를 지나서
— 자작나무 숲길·42

북간도를 지났다. 눈을 뜨고는 바라볼 수 없다.
고구려 장수들이 말을 몰고 달리던 우리의 땅
다시 찾으려고 달려왔는데 지금은 남의 땅
주인이 새로 점령했다고 푯말을 세웠다.
아무도 들어갈 수 없는 주인이 뒤바뀐 북간도
소리 높이 불러보아도 대답이 없는 북간도
저렇게 넓은 땅 위에 누구의 비석을 세웠다나
그것은 바로 광개토대왕의 비문이 서 있는 숲
그 숲가에 자작나무 숲이 길을 지키고 있으니
여기가 바로 우리 조상들의 영혼이 속삭인 땅

어둠이 내려와도 우리가 서 있어야 할 땅
이처럼 가꾸고 가꾸었던 조상의 눈물이다.
그런데도 버리고 떠나야 한다는 것은 미련
그날의 조국을 생각했던 이들을 생각한다.
보름달 내려오는 산을 들고 일어난다.

흰옷을 입고 말을 몰고 달리던 주몽 장군
한나라의 장수들을 세우고 호령하던 날
오늘처럼 이렇게 자작나무가 줄을 서서

장수의 외침 소리를 들었던 날이라고
그림을 그려 하늘 벽에 걸어 두고자 한다.

꽃아 진달래야
― 자작나무 숲길·43

꽃아 진달래야 부르면 대답을 해 다오
아무리 못생긴 몸이라고 대답도 하지 않고 있는 것은
나에 대한 예우가 아니지 않는가라고 이렇게 묻는다.
아니라고 말한다면 그것으로 족한 하루이지만
진달래 너만은 그러한 모습을 보이지 말고
아주 참미소를 머금은 이슬 같은 물방울
청솔가지에 매달려 있는 물방울 같은 몸
그렇게 차디찬 몸이라는 것을 알았다.
본래 너의 모습은 아름다움이 넘치는 미소
그 미소는 어디로 갔는지 알 수 없구나

저 담장을 지나 흐르고 있는 개여울 물
누구의 명령에 들어갈 수 없다고 말하니
여기가 누구의 마을인지 알 수 없는 텅 빈 방
나비도 날개를 접고 앉아 있는데
더 이상 날개를 펴고 날 수 없구나

산아 너는 더 푸름을 예약하지 말라
그날 같은 산은 아니지만 산의 혼령은
그날의 영혼이 숨을 내쉬고 있는 진달래

자작나무 숲을 가로질러 걷는 누런 황소
발걸음이 무겁게 보이는 하루였다.

자작나무 숲길의 토±집
− 자작나무 숲길 · 44

자작나무 숲길의 토±집이다. 이곳에서 꿈을 꾸었다.
이 땅을 차지하고 있는 일본 병사들을 몰아내려는
서원을 세웠다.
아무도 그러한 생각을 하지 못했던 날
날이 저물어 오는 밤에도 등잔불 켜고
청송에서 나오는 송진을 녹여 불을 켜고
책을 읽었던 어린 시절을 기억해야지
배우지 않으면 남에게 모든 것을 빼앗기고 만다는 전설
그 전설을 기억해야 한다고 가르친 토집
지금은 이 세상에 낙원을 이야기하는 그림
나는 밤을 새워 가면서 그날을 생각한다.

생각하기만 하면 되는 것이 아니지만
말을 하지 않으면 듣지 못하는 미련이다.
남아 있는 것이라고는 모두들 흔적이지만
그 흔적을 지우려는 이들이 있지만
여기는 그것을 기록하는 것을 잊지 말자

자작나무 숲을 지나가는 바람이 아니다.
전생에 지은 인연으로 태어나는 몸이지만

나는 오로지 전설 같은 이야기를 믿고 믿어
찬란히 떠오르는 태양의 빛을 받아 안고
천만년을 기억하며 살고자 서원 세운다.

검정 장삼을 입고
― 자작나무 숲길·45

　자작나무 숲길을 검은 장삼 옷을 입고 걷는다.
　아무도 여기에 와서 그러한 모습을 하고 걷는다고 생각했겠나
　두들기는 목탁 소리가 백두산을 울리고 있는 것을
　기념이라도 하렴아 하고 말해도
　잊어버린 역사를 찾아 나서는 언약
　저 숲 속 깊은 바위 속에 숨어서 고개를 들고 있는 토끼
　그 토끼도 집을 지을 기술을 지녔나
　아직도 삶이란 무엇인가를 보여 주고 있으니
　이것이 바로 천상에 살았던 전설이다.

　사다리 같은 물줄기를 부르고 있는 바람
　산문을 열고 밀려오고 있는 이유를 아는가.
　나의 육신을 붙들고 울어도 좋다 말하자
　인연 있는 이들에게 그림이라도 그리자
　생각의 깊은 우물 속에서 밤이 깊다

　지난 세월 그날 같은 운명의 못을
　바위에 새기고 새겨 남기려는 혼
　이별이 없게 하지 그렇게 말하니

바람은 아직도 불어오고 있는 몸
나의 영혼을 팔아서는 살지 않으련다.

신새벽이 오면
— 자작나무 숲길·46

우리는 노예가 아니다. 당당한 백성이다.
조선 시대 출가한 수행자가 외쳐야 할 이 말을 하지 못했다.
노예로 살기를 바라던 것도 아닌데
출가하면 저절로 노예가 된다.
그래도 부처님을 친견하려는 마음
그것은 전생에 맺은 인연
아무리 쫓아내어도 물러섬이 없는 것은
근기를 보기 위함이라고 하여
선승들에게서 전해 들은 이야기를 믿었던
그날을 기억이라도 하렴아

자작나무 숲이 우거진 백두산 길
거기에 무덤을 만들자고 하였던 이들
그들은 하나둘씩 길을 떠나가고 없다.
무에서 유를 말할 수 있는 것은 승가
그렇게 기록하자 기록을 하자

신새벽이 오면 날개를 펴고 간다.
하늘 멀리로 바람을 몰고 오는 구름
바다 가운데에서 일어나는 파도를 몰고

백마를 몰고 달리던 고구려 장수들 같은
황토 바람을 안고 새벽별은 내려온다.

초롱불 켜고
— 자작나무 숲길 · 47

초가지붕 위에 올라가 있는 장닭을 보았다.
날개를 퍼뜩이면서 소리를 지르고 울던 그 모습은
애를 낳아 보지 못한 황소의 울음소리 같은
깃털을 하고 있다.
움막집 토담 가에 핀 백일홍
어둠이 오면 그날에도 바람에 날려
삼천리 금수강산을 노래 부르며 달려가고 싶은 허수아비
들판에 서서 무엇을 말하려고 그러는지
아무리 불러도 대답이 없다.

바람이 불어오는 길목을 가로질러서 오는 번개도
자작나무 숲 사이에 이르러서는 잠을 청하듯
그렇게 자리를 잡고 앉아 있을 터를 찾는다.
그날 밤 초롱불을 켜고 있던 방 안에는
그림자 하나가 나타나 소리를 지른다.

아무리 어둠이 오래 머문다 해도
안개가 걷히듯이 태양이 솟아오르면
언제 사라지듯이 자리를 감춘 바람
바다에서 물개처럼 헤엄을 쳐도
무능한 곰은 산을 내려오지 않는다.

너를 안고 살아
— 자작나무 숲길 · 48

기다렸다. 온종일 서서 기다렸다.
뿌리도 없는 듯이 보이고
하이얀 옷을 입고 서 있구나
아주 잘난 몸으로 키를 높이려는 시골 처녀 같은 몸
분 내음새도 사라진 얼굴에는 검은 점
그 점을 만지면서 거울을 보니
세월이 금이 가는 바위를 안고 살아야 한다고 하는 이끼
바다 가운데에서도 살아남아야 한다는 전설
이대로가 참나를 찾는다고 전한다.

자작나무의 꿈은 무엇인가 말하라 하면
해인사 팔만대장경판에 부처님 말씀
기록하여 새기는 인연이 가장 큰 인연
황토밭에서 알을 낳고 기다림도
아주 먼 날에 있을 자연의 꿈이다

이대로가 참 좋다고 선언을 해도
아침이면 안개가 걷히고 밝은 태양
그 빛나는 아침을 기다려야 한다고

밤마다 가야금을 울리는 소녀의 꿈 같은
역사를 창조해 내는 전설을 기억하게나.

푸름에 잠들어
— 자작나무 숲길·49

애비를 닮았다. 피가 흐르고 있는 것도 아닌데
배 아파 하며 몸을 비비 꼬인 것도 물론
그림이라고 말하지만 아버지와 어머니가 같은 몸으로
태어난 것이라고 기록한다.

태양이 솟아오르면 오를수록 푸름에 잠들었다.
눈이 부시게 눈을 감아야 하는 태양
자작나무 숲길에 들어서면 전쟁에 나가는
고구려 장수들 같은 줄을 서 걸어간다.
나라를 지키려고 몸부림치는 백마도
여기에 와서는 소리를 멈추었다.

도시 벽에는 태양이 내려오면 얼굴을 감싼다.
부상병이 길을 헤매다가 친우를 만난 것같이
푸름에 눈이 감기는 사연을 알고 있는지
아직도 밤은 멀리에서 오고 있다가
비 온 날 무지개 옷을 입고 일어난다.

내 심장에 남아 있는 한을 불태운 노을같이
한없이 흘러내리는 눈물을 닦아야 할 순간

폭포수처럼 솟아오르는 물줄기를 붙들고
밤이면 밤마다 소를 몰고 달리는 연습
이것이 바로 생존의 미련을 보이는 것이로다.

산란 山蘭
― 자작나무 숲길·50

자작나무를 존경했다. 언젠가는 하늘로 올라갈 꿈
그러한 꿈을 꾸면서 뿌리가 내린 풀밭에 누워
잠을 청했다.
첫아들 낳기를 그렇게 기원하는 시어머니의 성화에 겨워
황토라도 먹고 싶은 여인의 마음처럼,
하늘을 향해 오르는 아들을 낳으려고 삼백예순 날을
그렇게 기도했다.
세찬 바람을 끌고 오는 시베리아 벌판을 달리던 개
초상집 개처럼 살지 말라고 말하는 선사
그는 참으로 무식한 머슴이었다.

산문에 들어와서 정각을 이루려고 했던 몸부림
그것은 한낱 거짓이라고 말할 수 있는 말
산란을 어쩌자고 그러한 서원을 세우고
이루지도 못할 선언을 하고 있는지 알 수 없다.
그런 말을 하고 있는 것이 대견하다고 말한다.

눈이 내리는 엄동설한에도 견딘 인욕
그것을 배우려고 하지만 배울 수 없는 근기
자작나무 아래 앉아서 기다린 기린이다.

가만히 고개를 들고 바라본 하늘은
아무리 바라보아도 오를 수 없는 꿈이다.

노오란 꿈
― 자작나무 숲길·51

애걸복걸했다. 복종은 싫다고 말했다.
아무리 밤이 깊다고 해도 백두산 천지못에 비하랴
바람이 불어오는 길목에 서 있으면
휘파람을 불면서 오는 소녀
개미 여왕의 옷자락이라도 한 번만이라도 붙들고 싶은
머저리 같은 독버섯 같은 권력의 문
그 안에 들어가 무엇을 원하리
막걸리를 좋아했던 그가 이빨을 보이면서 울던 사연
그는 무덤을 만들지 말라는 유언을 남기고
아무도 오지 않는 길을 향해 갔다.

밤은 나의 꿈을 꾸게 하는 신비의 속삭임
그날을 기억해야 할 자연의 수레를 굴리고
바람을 몰아 휘돌아가는 바위를 안고
노오란 꽃을 피우려는 개나리를 본다.
산을 내려가야 할 시간이 되었다고 한다.

암병에 걸려 울던 이들이 찾아야 할
자작나무 숲길을 걸어가는 나그네
바다 멀리에서 오는 바람을 타고

먹구름이 달려가고 있는 울타리 가에
염소 수염을 만지며 똥개가 웃는다.

먹구름 · 1
— 자작나무 숲길 · 52

먹구름이다. 언제 태어났는지 알 수 없다.
백두산에 오르는데 천둥 번개를 치고 있는
이유가 무엇인가
전생에 지은 죄도 없는데 무섭게 느껴 온몸이 떨린다.
감옥소에서 경험했던 천둥 치고 벼락 치는 여름밤
황토밭에 능구렁이가 소리를 지르고
천만년이 지난 밤 산을 들고 일어났나 보다
눈에서 흘리는 피를 닦지 못하는 여인
눈에서는 그리 쉽게 눈물을 흘리나

인연이 없으면 만날 수도 없지만
맺었던 그 사연 하나가 나를 잠들게 한다.
아직은 그의 몸을 한 번도 바라본 적이 없지만
언제나 눈을 감고 있으면 온몸이 보여
오늘을 기억하게 하려고 그림 그린다.

자작나무를 안고 오르려고 하는 먹구름
비가 내리면 미끄럼을 타는 아이들같이
하늘로 올라가는 바위 턱에 붙어 있는 풀벌레
바람을 안고 살아야 할 사연을 배웠나
이별이 없는 삶을 산다는 것이 행복이다.

땅속 깊은 골에
— 자작나무 숲길·53

땅속 깊은 골에 서 있는 자작나무야
얼마를 기다렸느냐 그렇게 머리를 하늘로만 올리고
이름도 없는 이들을 잠 깨우는 기술을 가졌나
너를 바라보는 순간 모든 것을 다 잊어버리고
무지개가 다리를 놓고 있는 비 온 날의 추억
그것을 그렇게 그림 그리고 있는 몸
아직도 새벽이 오려면 멀었다.
일찍 외로움을 배운 연습도 아닌데
너무도 빨리 찾아온 이별의 꿈

밤이 오면 이불을 꼬집어 먹고 살던
먹새는 아직도 일어날 줄을 모르고
비 오는 날을 기억하려고 하지만
비는 오지 않고 풀들마저 말라 버린
모래사막 같은 밭에서도 서 있다

아무리 빼앗으려고 해도 빼앗기지 않아
홀로 서 있어도 외롭지 않는데 우리는
그러한 삶을 기억하려고 하지 않아
풀밭 고랑에 서 있어도 좋아
이름 없는 이들에게 보이기만 하면….

하늘을 벗 삼아
― 자작나무 숲길·54

하늘을 사랑한다. 하늘은 평등을 말한다.
아무에게나 차별이 없이 보이는 것을 의무로 한다.
그래서
나는 하늘이 거짓이 없다고 하는 말을 믿는다.
하늘이 바람을 몰고 오는 소리를 듣고 있으면
푸른 산을 물들인 사연을 속삭이듯
하늘도 푸른 물감을 뿌린다.
자유라는 것을 가르쳐 주기 위한 연극을 하고
밤을 애타게 에워싸고 있는 이불도
감기에 걸려 약을 먹었다.

자작나무는 하늘을 향해 오르고 있지만
땅으로 내려오려는 꿈을 모두 버리고 있다.
하지만 병들어 신음하는 백마를 몰고
불에 태우는 불이 일어난다고 해도
겁나지 않아 당당한 몸으로 서 있다.

그것도 수행자의 덕목으로 기록해야지
숲 사이로 걸음을 재촉하고 있는 몸
이것이 바로 마음을 챙기는 명상법

그 법을 가르쳐 준 설산의 여래는
아직도 잠에서 깨어날 줄 모른다.

타는 듯이 타는 자작나무 숲
— 자작나무 숲길·55

타는 듯이 타는 자작나무 숲에 눈을 던진다.
눈빛은 금시 석양 노을빛이 되어 산을 들고 일어나
동해 바닷가 검은 고래 수염이 되어서 물을 뿜어 올린다.
고래 등 같은 기와지붕에 떨어진 빗방울은
어느 여인의 옷깃에 안겨 잠을 청하는
산노루의 이빨이 되어 풀을 뜯고
아직 잠에서 깨어나지 못한 술 취한 노을이 자리를 잡고
우물을 파고 있는 개미의 무덤을 본다.
한번 돌아선 마음 분노는 쉽게 잊히지 않아
분노는 분노를 만들고 있는 악연

한번은 천리마를 몰고 달려가야 할 몸
여기에 와서는 달릴 수 없는 사연
물줄기에 온몸이 적신 이유를 알지 못해
태양이 솟아오는 날을 기다리고 있지만
붉은 옷을 입고 일어나 춤이라도 추자꾸나

이제야 알게 되었는데 물감을 칠한 것은
하늘이 자작나무에 반해서 질투하는 것
그래서 이렇게 푸름을 막아 버리고 있어

실오라기를 걸치고 살아도 그 밤이 좋아
천상의 여인같이 젖가슴을 풀었다.

백두산 자작나무 숲
— 자작나무 숲길 · 56

백두산 자작나무는 지상 최고의 미인이다.
인간이 아무리 미를 창조한다고 해도
백두산 자작나무의 혼 같으랴
바라보면 바라볼수록 영혼의 속삭임이 들려오는 숨소리
살아 있는 이의 혈관이 흐르고 있는 숨소리가
쿵쿵 가슴을 친다.
나의 심장에 남아 있는 마지막 그 핏방울까지
남김없이 타는 촛불과도 같은 입술
뜨겁게 타는 노을 속에 옷을 벗는 신선
그렇게 긴긴 머리카락을 늘어뜨리고
자연의 신비스런 물감을 뿌려 내리는 이슬 같은 빛깔
고구려 담징도 여기에 와서는 붓을 들지 못한다.

은으로 뿜어내는 태양의 기침 소리 같은 하루가
저물어 가는 밤에는 노을이 온산을 들어 올리고
산 거미가 알을 낳는 푸른 청솔가지 끝에 이슬
그 이슬도 백두산 자작자무 잎에는 구르지 못해
비단 옷자락에 안겨 잠을 청하는 하루가 된다.

어둠이 내려와서 물레방아를 굴리고 있는데

누군가 말없이 왔다가 말없이 가는 수레
신수선사도 102살을 살았지만 백두산을 모르지
백두산에 오르는 길에 서 있는 신령이여
태양이 아름다운 옷을 벗기지 않는다.

바위를 안고
— 자작나무 숲길 · 57

실뱀이 바위를 안았다. 어딘지 모르는 곳을 향해
작은 몸으로도 하늘을 오르는 꿈을 꾸고 있는 모습이다.
잠을 청하는 새가 잠을 청하는 숲을 찾아 나서는 새 떼들도
바위를 의지해 흐르는 물살을 안고 오르는 폭포처럼
물레방아를 굴리고 일어선 이슬방울같이
그 한 방울의 이슬이 뭉치면 힘이 일어나는 몸
산문을 열고 들어오는 미륵의 외침 소리에 놀라
긴 수염을 바람에 날리고 오는 산신령 잠든 밤

언제까지나 바윗돌을 굴리고 살아갈 것인가
멈추어 버리면 이동을 하지 못한다는 약속
물을 먹고 바라본 하늘의 꽃 무덤 같은 별
별은 나의 무덤 속에 숨을 길게 쉰다.
파도야 어서 내리쳐라 어서 내리쳐라

깃발을 들고 일어나는 바람이 되어
백두산 장엄한 풀밭을 감싸고 있는 바위
그 바위에 작은 생명들이 노래를 부르고 있지만
삶의 생애를 기록하려는 전기 작가도 울었다
바위를 베고 잠을 청하는 실뱀이 천상으로….

나의 영혼이 집을 짓고
― 자작나무 숲길·58

나의 영혼이다. 살아 있다는 노래다.
돌부리 같은 미래가 바람을 몰고 오는 풀밭 고랑이다.
밤을 부르는 밤이 나무 옷을 입고 살자고 맹서한 붕어
배들을 부여잡고 배를 어루만지면
애를 기다린 시어머니의 눈을
며느리를 부르면서 달려가는 미륵의 목소리
천상의 구름밭에 집을 짓는 바람이 달려온다.
바람을 마주하고 얼굴을 내밀면 흰 용이다

용이 옷을 입고 살고 있는 백두산 천지에
그림을 그리는 화가의 손가락이 바쁘다
어둠을 살라 마시는 종잇장을 만들 수 있다면
해인사에 팔만대장경을 가슴에 안고
그렇게 살자 말하고 있는 맹서의 노래

나의 미래를 꿈꾸고 있는 것은 자연
그대로가 삶을 이야기하고 있는 선사의 설법
마늘을 먹고 살아야 하는 전설을 이야기해도
가진 것이라고는 텅 빈 방에 죽음의 육신
자작나무는 인간의 속살보다도 더 오래
이 땅에 머물러 있을 수 있다는 행복.

자작나무의 혼
— 자작나무 숲길 · 59

1.
길게 숨을 내쉰다.
한 마리 거북이가 기어오르는 풀 속에 몸을 숨긴다.

몸에 그렇게도 애착을 보이는 것은 기다림을
그림 그리기 위한 물감을 칠하려는 자작나무의 혼

소녀가 미소를 짓고 있는 오후

처음에 여성으로 몸을 받았을 때에는 슬프게 울던
소쩍새가 되기도 했지만 그것은 전설에 지나지 않아

산에 살고 있던 선녀의 입술 같은 모습으로
단장을 하고 있는 거울 같은 눈동자

무명 저고리를 입고 맹서했던 시간의 북쪽 방

2.
고혈압에 좋다고 선전을 하였는데 아직도 백두산에
머물러 있다니

3.
허수아비가 옷을 갈아입고 무덤 터에 들어간 것은
참 좋다 그런데 불 속에 들어가면 먼지만 남아
스님들의 사리가 되면 탑이라도 세우겠다.

4.
밥 먹고 죽 먹고 살아가는 것이 삶이라고 한다면
그것은 병이 들어 죽음을 노래한 새

5.
살구나무를 기르는 것은 살구나무에 꿈이 있어
말하자면 부처님을 찬양하는 목탁이 되고자 한다.

자작나무의 꿈은 해인사 장경각이나 되고자 하고
다시 해인사 호국불교의 불상이 되어
말굽 소리를 듣고 잠을 청하는 황소의 젖이 되고자 한다.

6.
철없는 선사가 거짓으로 설법을 하는데 나는 머슴이다.
이러한 말을 서슴없이 하는 것은

대중을 무시하는 행동 아니면 너무도 순진한 모습

백두산 천지에서 솟아오르는 폭포수를 마시면서
원효를 생각한다. 원효는 눈에서 눈물을 흘린다.

요석을 생각해서이겠지.

7.
나무아미타불을 부르는데 고구마가 선물로 들어왔는데
바로 안동대 김영균의 혼이다.

그것을 먹고 이렇게 그림을 그리는데
그림은 호박이 되고 고구마는 되지 않아

옷을 입고 오줌을 싸는 철부지 아이

8.
물레방아를 돌아가게 하는 자연의 넉넉함을
찬양이라도 하자고 맹서를 해도 아무런 소용이 없는 것은
백두산에 호랑이가 있었으면 좋겠다.

출몰하려고 준비를 하고 있는 것처럼 선전을 하고 있으니
이것이 병들어 누워 있는 자작나무다.

불을 질러야지 불을 질러서 땅속 흐르는 물속
구름이 되어야 한다.

9.
자작나무는 물이 없어도 땅을 의지한다고 하는데
땅을 잃어버린 아니 빼앗겨 버린 그날에는 어떻게 하지
북간도 땅을 개간하여 나무를 심었고 진달래꽃을 심었던
아주 옛날

고주몽 장군의 눈물이 쏟아진다.

장백산은 자작나무의 고향이라고 기록해야지

밥 먹고 잠을 청하니 밤이 깊어만 온다.

제4부

천마도장니 天馬圖障泥
— 자작나무 숲길 · 60

1.
자작나무 껍질로 그림을 그렸다.

그것은 천마총에서 나온 신라 시대 그림인데 말이 많아
그 그림에 나타난 모습을 보고 말이 아니라고 하니
그림은 분명히 말같이 생겼는데

말이 아니라고 하면 그러면 어떤 동물이라는 말인가
이렇게 말하고 나니 대답을 할 필요가 없는 이야기인데
그 그림을 그린 바탕이 바로 자작나무였다.

자작나무가 신라 땅에는 자라지 않았으면
고구려에서 온 것이 분명하지
아니면 임라 가야에서 자란 자작나무

고구려의 말굽 소리가 들려온다.

2.
고구려는 신라에 대하여 상대를 하지 않았는데
그 말을 그림으로 그렸다는 것은 이상하지

3.
미추왕은 백제의 공격을 막아내고
농사를 장려하였다고 한다니
말을 몰고 달리던 왕은 아니다.

4.
천마총을 미추왕의 무덤이라고 말한다면
무덤에서 말을 타고 천상으로 올라간다고 믿었다.

5.
미추왕 시대는 서라벌이라고 했는데
서라벌에서는 고구려를 통해 얻은 것이
고구려 벽화에 나온 활 쏘는 법을 배웠다.

6.
미추왕 때 말을 기르는 곳이 어디냐
있으면 한번 가 보면 알 수 있는데
말을 그림으로 그렸다고 한다면
나라를 지키려는 그림이다.

어쩌면 천마총이라고 이름을 붙였지만
천마총이란 말의 이름이 잘못이야

신라는 지증왕 시대 국호의 명칭이고
금관가야를 중심으로 6가야가 있었는데
그 가운데 금관가야가 대국이고 임라국이라고 하는데
임라국에서는 죽은 영혼을 위해 그림을 그렸는데
천마를 타고 하늘로 오른다는 그 그림을
자작나무로 그렸다.

7.
말을 몰고 달리는 것은 꿈이 아니라 죽은 영혼까지도
하늘로 오른다는 이야기 미추왕은 그렇게 믿었다.

믿음을 보인 것은 바로 임라국의 문화인데 고구려의
벽화처럼 말을 잘 몰아야만이 국가를 위한다고 믿었다.

군주는 말을 몰고 들판을 달리는 강한 정복자였다.

미추왕 시대 금관가야에 등장한 나라는 임라국인데

임라국에서는 자작나무를 심었다.

8.
자작나무를 심었던 것은 천상으로 향해 가는 영혼의 몸
영혼을 보듬고 하늘로 오른 것을 기념하려고

천상에 가면 미추왕을 만날 수 있고
임라국의 백성들도 만날 수 있기에
자작나무로 말을 몰고 달리는 장식이다.

천마총이라는 굴에 대한 판단을 잘못했던 것이라면
자작나무를 경주에 옮겨 심어야 한다.

9.
경주는 임라국의 도움으로 강성해졌는데 그것도 모르고
신라 진평왕은 김유신의 어머니를
임라 가야국에서 신라의 변방으로 걸어가게 했다.

김유신은 신라의 변방에서 태어났다.

신라는 김유신이 아니었으면 백제의 속국이 되고
고구려의 속국이 되었을 것인데
참으로 알 수 없는 역사다.

자작나무야, 너는 알고 있지 천마총이라고 기록한 잘못,
너는 알고 있으면서 말을 하지 않아.

하늘을 향해
— 자작나무 숲길·61

자작나무 숲을 조성해
나무에서 향기 풍기는 거리를
토끼들이 놀던 공원을 만들자

어둠이 밀려오면 달빛을 안고 살아
그래도 자줏빛으로 물든 산길을
걸어가면 참 좋다 말하자

여기에 와서는 아무런 말도 하지 못해
용문사의 은행나무도 늙으면 고개를 숙이는데
자작나무는 고개를 숙이지 않아서
설총 같은 지조를 지녔다 말하려나

자작나무는 나무들 가운데 가장 큰 키
아무리 하늘이 높다 하여도 올라가
하늘 문을 열고 춤을 추고 있구나.

초여름
— 자작나무 숲길·62

산길에 오르면서 눈을 감고 생각한다.
하늘이 여기에서 얼마나 먼 곳에 있기에
초여름 자작나무 숲 푸름으로 덮였나

산이 산을 안고 돌고 돌아가는 석양 노을
그 빛이 내려왔나 잠을 청한 옥색 이불
자리를 펴고 누웠나 보이는 것이란 없다.

숲 속에 앉아 있으면 바람도 지나가고
소리치며 우는 여우 눈물로 가득하다.
이파리 날리는 바람 푸름을 안고 살아.

껍질을 벗기어
― 자작나무 숲길·63

껍질을 벗기어도 속살은 그대로인데
어둠이 오는 길목 밝은 빛 보이려나
산신령 옷 벗어 놓아 잠을 청한 노을아

바라보면 볼수록 애잔한 사연 있어
진달래꽃 피어오른 산 숲을 거닐다가
산록山鹿이 잠을 청했나. 구름도 울고 간다.

노을아
— 자작나무 숲길 · 64

푸름에 잠든 바람 잠재울 꿈꾸었나
저토록 밝은 은빛 하늘로 오르는지
물방아 돌리려는 물 산둑에 안겨 운다.

어쩌면 저리 곱게 옷을 입혀 세웠나
그림을 그리려다 붓을 들지 못했다.
노을아 집을 지을까 무섭기만 하구나

바람 소리 요란한 마을을 지나간다.
보이는 듯 보이는 산마루 골진 방에
쏟아질 빗방울 모아 오작교를 만들었다.

태양을 안고
— 자작나무 숲길·65

태평양에서 몰아오는 태풍에도
아무런 저항도 없이 서 있고
북풍한설 몰아치는 날에도

그 자리에 서 있는 미륵 같은
뽐내며 하얀 옷 입고 있는 자작나무다.
황소는 여기에 와서 풀을 뜯지 못해

수나라 군사들을 몰아내던 날
백마를 타고 달리던 을지문덕 장군이 타는
말이 자작나무 숲길에 돋아 오른
풀을 뜯어 먹는 허락을 얻었던 날

하늘에 태양은 솟아올라 중천에 떠 있지만
땅속에서 흐르는 물을 마실 수 없는 것을 알아
산신령님께 두 손 모아 빌고 있는 태양을 본다.

다람쥐 놀이터
― 자작나무 숲길·66

산에 사는 다람쥐 산으로 가고
바다에 사는 물고기 바다로 가는데
숲에 사는 노루는 자작나무 숲으로
비 오는 날에 소나기 쏟아지는 날에
바위굴을 찾아가는 달마를 보았나
팔을 들고 만세를 부르던 북 치는 바람
바람에 놀라 잠을 깬 다람쥐
도토리 나무 아래 숨겨 둔 알을
물고 와서 잠을 청하는 날
겨울날에 어떻게 지내려 하나
그래도 여기가 참 좋다고 하니
바람도 찬바람도 여기에 와선
너무도 조용하게 머리를 흔든다.

길 밖에 누가 있어
— 자작나무 숲길·67

길 밖에 누가 있기에 자꾸만 오르려고 하니
산을 좋아해서 산을 찾아오는 이들에게 있어
자작나무는 새로운 삶의 희망을 주는구나

이별이 있는 이들이거나
즐거움이 있는 이들이거나
여기에 오면 아무런 욕망도
아무런 절망도 없는 꿈꾸는 정토

푸름에 눈이 부시게 밝아지는 몸
물안개가 눈이 부시게 열리는 문
천상의 연못가 거닐던 보살 같은
아름다운 삶에 촛불을 켜는구나

삶이란 마지막 눈을 감을 때까지는
하늘을 향해 오르는 자작나무의 서원
하늘 끝까지 올라 바라본 구름 사이로
백두산 천지의 맑은 물을 마시고 싶다.
이러한 서원이 있는 이들에게 용기를 주는
지상에서 가장 아픔을 알고 있는 석불의 서원

길 밖으로 기어가는 개미도
자작나무 숲길에 집을 짓고
세월의 깊은 꿈을 바람에 날린다.

검은 구름도 멈춘 길
― 자작나무 숲길 · 68

자작나무에는 땅의 혼을 오르게 하는 힘이 있나 봅니다.
백두산에서 바라봤던 상상봉 위에 떠 있는 검은 구름처럼
아무도 말하지 못한 사연을 말해도, 소용이 없는 바람
바람은 신비의 옷을 입고 날개를 펴 보이지만
물살에 흐르는 파도 같은 너울을 멈추게 하지 못하는 것은
하나의 조화를 말하고 있을 뿐이네
가야 한다. 어둠이 없는 산천을 향해
맑은 물이 흐르는 개천 거기에는
오리가 먹을 것을 찾는 일터가 아니라
태양을 벗 삼아 옷을 말리는 터
산머루가 익어 가는 밤이다.

해인사 팔만대장경판
— 자작나무 숲길 · 69

1.
자작나무의 서원이다.

해인사에 보관하고 있는 목판은
본래 해인사에 있었던 것이 아니다.

몽고가 고려를 침략했을 때 고려 백성들을 모두 버리고
최우가 강화도로 피난을 갔다.

강화도에 피난 간 최우는 할 일이 없었다.

한편 강화도에 피난 온 왕은 할 일이 없어서
바라만 본 것이 하늘이었다.

2.
최우가 생각해낸 것이 바로 대장경을 목판으로 만드는 일,
그 일을 하기 위해 송광사에 있는 혜심을 찾아가 말했다.

혜심은 말했다.

정혜결사의 정신을 전승하려면 불교결사를 통해
나라를 지키는 호국 목판을 조성해야 한다고

그 말을 듣고 불사를 시작했다.

3.
몽고 군사들은 그러한 힘을 모으고 있는 고려왕을 보면서
강화도에 보낸 최우를 찬양했을 법하다.

고려를 버리고 떠나간 최우

몽고는 고려 국토에 말을 몰고 달리는 경마장 같은
그러한 악행을 하였다.

4.
최우는 혜심을 존경해 자작나무 숲이 우거진 산지를 찾아
자작나무를 베어 바다에 넣고 짠 소금을 먹였다.

소금 먹은 자작나무는 3년간 바다에 있다가 몸을 보인다.

몸은 아름다움을 뽐내며 하얀 속살 드러낸다.

5.
평양 기생 살결도 자작나무보다 곱지 않다는 전설같이
몽고 군사들은 평양의 기생들을 바라보면서
자작나무 숲길을 걸었다.

최우가 팔만대장경판을 만들 편수를 구성할 때
이견이 있었다.

그것은 참으로 슬픈 일이지만 고려의 승려들은
균여 파와 대각국사 파로 서로 갈라져
균여 파는 대각국사 파에 대하여 모함하고
대각국사가 편찬한 대장도감을 폐하고
균여 파로 편수를 구성했다.

자작나무에 대각국사가 편찬했던 부처님의 말씀을
모조리 삭제하고
균여 파가 장악한 부처님의 말씀을 기록했다.

6.
대각국사가 가장 존경했던 원효의 화쟁론 10장을
기록하지 않고 나머지는 빼버렸다.

그래서 지금 원효의 10문 화쟁론이 보이지 않는다.

찾아야 한다.
찾아내야 한다.

이렇게 말해도 믿을 자가 없다는 사실을 아는가

7.
자작나무에 새긴 원효의 10문 화쟁론을 찾지 못하면
대각국사의 외침 소리를 듣지 못한다.

해인사에 보관돼 있는 팔만대장경판은 자작나무라고
자작나무라고….

8.
팔만대장경판을 들고 보면 잊히는 것인데

자작나무를 심어 해인사에 심어
신팔만대강경판을 조각해야 한다.

해인사 가야산에는 자작나무가 없다.

육가야국 임라국에서 심었던 자작나무는
모두 일본으로 옮겨 심었나 보다.

9.
고구려 땅에서 자란 자작나무는 지금도
키를 하늘로 올려 세우고 도솔천으로 오르려고 한다.

백두산 천지에 가까이 가면 보이는데

여름날 소나기가 지나가다가 멈추어 서서
천마총에 자작나무로 만든 천마도장니를 생각한다.

진흥왕은 백두산을 좋아했나 보다. 자작나무를
그리워
그리워했다.

잠을 청하는 청개구리 · 2
— 자작나무 숲길 · 70

앵두나무 꽃이 피어 있는 오월
잠을 청하는 청개구리가
둠벙에 알을 낳고 있구나

그 모습을 물끄러미 바라보고 있으니
자작나무 그늘이 온 산을 덮었다.
산허리를 붙들고 있는 청노루
바짓가랑이를 벗어 던지고 달린다.

담장 가에는 허물 벗는 실뱀이
늘어지게 가야금 줄을 당기는 듯
요란스런 극장가에 황소가 소리 지른다.

소싸움에 진 주인은 눈물을 흘리고
하늘을 원망하기도 하는 일기장
밤마다 내려오는 별들을 안고 운다.

쑥꾹새·2
― 자작나무 숲길·71

한나절 긴긴 밤을 슬프게 울던 쑥꾹새
어둠이 내려오는 바위 턱에 집 짓고
꽃뱀이 둥우리 찾아 혀를 내밀고 있구나

무명 저고리 입고 살결을 보이던 몸
털을 뽑아 바람에 날려 보낸 편지글
그리움 남긴 정 하나 자작나무 되었나

입술에 피가 터져 구름이 집 지으려
무덤 밖 능구렁이 혀를 차고 있는데
동구 밖 논두렁 끝에 쑥꾹새 눈을 뜬다.

황금 옷을 입으셨네
— 자작나무 숲길·72

황금 옷을 입으시고 서 있으니
누가 말을 걸어오겠소
여기에 와선 누구든 침묵으로
세상일을 잊고 살자 말하리

논쟁으로 얼룩진 조선의 당쟁같이
율곡은 거짓으로 불교를 비판했지
허응당 보우를 유배하라 상소하니
제주도에 끌려가 변협에 매 맞아 죽어

자작나무가 그것을 알고 있는 듯
나를 보니 그렇게 말해 주고 있구나
그것은 자신을 속이려는 야망

황금빛으로 옷을 입고 있는
자작나무를 바라보고 있으니
그날에 나의 눈물은 피눈물은
청산을 적시고 천상으로 향해 간다.

지진이 일어난 땅
― 자작나무 숲길·73

지진이 일어나는 땅에 자작나무를 심자
아름다운 사랑이 속삭이고 있는 산정에
내 영혼의 그리움을 던지고 있으니
지진이 일어나는 땅에 푸름을 덮어
자연의 신비를 천상에 보이게 하자

서로 다정했던 순간들을 기억하게
서로 어깨를 걸고 일어나려는 대지를
붙들어 놓은 그날을 기억하게 하자
하룻밤 사랑이라도 잊을 수 없는 사연
무너진 땅에 어깨를 마주하고 있는 행복

그날에 우리는 다정한 사랑을 속삭이고
영혼의 뜨거움을 붙들어 보았노라고
하늘에 어서 올라가 땅에 넘어진 자를 부르게
그들을 위해 일본 땅 지진이 일어난 돌밭
그 땅에 자작나무 숲 무덤을 만들자.

아직은 내 삶의 무덤 앞에
— 자작나무 숲길·74

아직은 내 삶의 무덤 앞에 꽃을 심지 말라
꽃이란 향기를 풍기는 재주가 있지만
자작나무가 우거진 숲 속에서는 아무것도
잠을 청할 수 없는 빈 방이 되었다.

자작나무 넘어진 등걸을 밟고
아기 다람쥐가 눈길을 찾아가는데
인간들에게 짓밟혀 숨을 거둔 이름 없는 꽃
어딘가에서 찾아온다는 미래 창조의 눈물
다람쥐는 어머니를 찾고 있나 보다.

자작나무가 하늘로 오르는 몸을
아기처럼 꿈을 꾸고 있는 날
하늘을 원망하지 않는 이들같이
죄 지은 인연을 말하지 말거라
하늘로 오르지 못한 자작나무를
안고 울어도 소용이 없다.

푸름에 안겨
― 자작나무 숲길·75

푸름에 안겼다. 이렇게 잠을 청한다.
태양이 산을 들고 고구마 줄기처럼 기어오르려 한다.
무엇을 그리워했기에 울어야 하는지 알 수 없는 이별
그렇게 그림을 그리려고 해도 잠에서 깨어난 새벽,
새벽이 솟아 오른 달빛 닮은 여인
그 눈을 보고 있으면 아름다워
눈물이 마르지 않는 슬픔을 지녔다고 말하지
울어 울어도 눈물이 마르지 않아 멈추지 않는 물살
그 물살에 밤이 별을 안고 어딘가로 가고 있구나

세상은 삶에 지겨운 이들이 많아
아들을 소금만 먹여 죽음을 택하게 하는 세상
이것은 바로 현대판 장화 홍련 이야기
내 전생에 이러한 사연을 생각해낸다면
모든 것 다 소멸하게 하는 밤이 좋다

이제 남김없이 소멸해 버리고
하나의 몸으로 하늘로만 오르게 하면
별들이 모두 나와 손을 내밀 거라
자작나무 숲에는 잠든 이들이 많아
잊을 것 모두 잊고 살자 말하자.

봄바람 속으로 들려오는 소리
— 자작나무 숲길·76

봄바람이 불어오는 소리가 들려오는데
귀를 기울여 바라보고 있는 청노루 한 마리
어느 곳으로 가려는가. 고개를 들고 알밤을 먹고 있는데
알밤을 먹던 옛 조상들을 생각하나
피리를 불면서 다가오는 목동 아이는
금나라를 섬기라고 말하던 김부식 같은 사대주의자들은
아직도 땅에 엎드려 울고 있는 이들을
안고 달음질치고 있는 제비 다리를 분지른다.

지친 얼굴을 하고 내려다본 흰 구름
금시 미소에 잠을 청하는 이불
금빛 비단 옷으로 아이들을 감싸고
낯설게 하늘 높이로 올라가고 있다.
이곳은 바로 미륵이 있는 도솔이다.

잠에서 깨어나면 새벽에 별처럼
빛을 뿌리는 색동저고리를 입고 살자
내 설움을 달래어 노래를 부르면
돌거북이 털을 뽑아 산천에 날리고
미륵님의 미간에 박힌 보석이 된다.

진달래꽃이 피어난 들판
— 자작나무 숲길 · 77

진달래꽃이 핀 산길을 걸으면
잊었던 옛 전설이 하나둘씩
자작나무 숲처럼 키를 들고 일어나

어둠을 살라 마신 불덩어리같이
은빛 빛깔로 장식한 말 안장을
발길에 걸어 두었던 이야기
진달래꽃이 어딘가에서
미소를 보이고 있는 초저녁

지나가는 전설이 구름을 몰고 오는데
두 팔 벌리고 일어나 만세를 부르는 여인
진달래꽃에 입맞춤하는 벌 나비
벌거숭이 몸 은빛으로 안아 본다.

거미가 집을 지으려고 사다리를 만들었나
거미는 집을 지을 수 없다 판단했나
진달래 꽃잎에 집을 짓고 있구나.

가을날의 추억
― 자작나무 숲길·78

하늘이 노오란 빛으로 옷을 갈아입고
바위 턱에 기대어 하늘을 바라보고 있는 오후
검정 옷을 입고 살 때가 참으로 좋았다는 생각이 들어
빨래하는 여인의 옷자락 같은 토담집에
촛불을 켜고 기도하는 빈방에 머슴
일본이 부산포를 장악하던 날에 놀란 조선의 임금은
한양을 버리고 도망가려는 생각만 하고
임진강을 넘어가려고 했던 새벽
장안의 성난 백성들은 경복궁을 모두 불질렀다

불을 끌 자도 없고 타오르는 불꽃만 바라보고
비가 오기만을 기다리는 기도를 진행했던 몸
자작나무는 껍질을 벗기어 편지를 쓰고
그림을 그리는 고갱이 되었나 보다
이름 없이 살다 간 화가의 몸이다.

하늘에 별들이 춤을 추고 있는 밤
별 하나가 줄을 늘어뜨리고 내려와
옹달샘에 물을 마시고 있구나
이것을 바라본 반달은 너무도
슬퍼 장대 들고 달 따러 간다.

하늘 밖에 있는 반달
― 자작나무 숲길 · 79

하늘 밖에 있는 반달을 따 소쿠리에 넣고
바다에 떠내려가는 물살에 몸을 기대게 한다.
바다여 물줄기만을 타고 오는 자작나무 배
히로시마 핵폭탄에도 그대로 서 있는 몸
그것이 나의 영혼이라고 말할 수 있는데
잠에서 깨어나지 못한 설움을 누구에게 말하리
밤은 깊어만 가고 있는데 찾아오는 이들은 없고
텅 빈 방에 잠을 청하는 새들만이 날개를 펴고
어딘가로 가면서 통곡을 하는 천둥 번개
불빛마다 은빛으로 장식했던 천마총

바다여 그대는 무슨 이유로 파도를
거칠게 내려치고 있는지 알 수 없지만
자작나무는 아무런 원망도 없이 서 있어
문간방에 잠을 청하는 나룻배가 된다.
가는 곳이 어디인지 알지 못하지만….

제5부

붉은 노을아
— 자작나무 숲길·80

붉은 노을을 안았다. 새벽을 기다렸다.
봄날 새로운 싹이 솟아오르던 땅위에는 비가 내렸다.
최초에 땅에 떨어진 씨앗을 보듬고 울던 개미가
먹고 싶어도 먹지 않았다.
그 씨앗을 안고 백날을 정성 다해 율곡이 신계사에서
장원급제해 달라고 기도하던 그 작은 소망의 서원이
부처님을 미워하지 않으면 아니 되는 인연을 만들었다.
어머니가 배 아파하지 않았다고
그렇게 허무는 법당에 부처님

과거시험에 장원급제하였던 것도 불교의 정신
그런데도 그렇게 무지하게 할 수 있더냐 말해도
알아듣는 이가 없으니 누구의 잘못이라고 말하나
이것은 모두가 무로 돌아간다고 하는 허무한 말
그러한 말장난을 하는 이들의 잔꾀였다.

지금도 조주의 무자 타령이나 하고 앉아서
백성들의 원성을 사고 있는 줄도 모르고
투전이나 즐기는 것이 마치 지상의 낙을
창조하고 있는 것인 양 하고 있으니 슬프다.
눈에서 쏟아지는 눈물을 닦고 맡아 보련다.

몸
― 자작나무 숲길·81

푸름이 자리를 잡고 있는 정원 같은 산길
고구려 장수 갑옷을 입고 있는 자작나무 아래
그림을 그리고 있는 태양을 바라본다.

아무리 외로워도 외로움을 살라 먹는 것이 없는데
바위에 전설 같은 시 한 편이라도 새기면
시는 살아서 구름을 몰아내고 그 자리에 앉아
돌미륵이 되어 미소를 지으련만

어느 날이던가 의병들이 누워서
길을 지키고 있는 무덤에
산 넘고 물 건너 승병들이
칼을 들고 산으로 오른 몸
자작나무 아래 엎드려 운다.

자작나무 숲길에 서서 밤을 부르면
밤은 저만치에서 노을을 안고 오는데
긴 칼을 차고 백마를 몰고 오는 천상의 보살을
엎드려 빌고 또 빌어 눈물을 흘린다.

자작나무의 의지
― 자작나무 숲길·82

눈이 내린다. 자작나무 숲길에 날린다.
온 산이 하이얀 옷을 입고 있는 창호지
은빛 나무 아래 반달을 안고
물레방아처럼 돌고 돌린다.

지칠 대로 지친 세상의 정치
여기에 와서는 아무것도 없는
쟁론이 없는 거울 같은 사상

이것을 배우게 하나
이것을 익히게 하나
가진 것이라고는 하나도 없는
온 산에 안긴 나의 눈물 같은 백설은
지난 가을날에 온몸의 상처
말끔히 씻어 주고 있구나.

꿈
— 자작나무 숲길·83

자작나무가 옷을 벗어 던지고 서 있는 숲
백두산 폭포수에 씻은 듯이 씻은 온몸
은비늘 벗기는 손끝 피리 소리 울린다.

천만년 잠을 청해 태양빛을 안아도
돌구슬 눈물 떨구고 실올을 만들었나
세상일 모두 잊고자 산승은 염불 외네

한생을 살다 보면 슬픈 날도 있지만
설산에 기대인 몸 머물다 가려느냐
무덤에 기댄 설움을 껍질로나 남으련다.

자작나무 숲 아래
― 자작나무 숲길 · 84

자작나무 서 있는 땅속에 솟아오른 꽃
백록담 말라 버린 이유를 알 것 같다.
마셔라 깊은 밤 오면 부끄러워 말 못해

낯설은 보살 앞에 두 손을 모으면서
지난날 그 언약을 그림으로 그려 보니
걸음을 옮기는 이들 눈물겨워 하겠다.

쏟아져라 푸른 숲에 목욕하러 왔던가
옷 벗어 걸어 둔 숲길 더듬더듬 걸었다.
보이는 산허리 끝에 가슴을 열었구나.

비단길
— 자작나무 숲길 · 85

바람아 너는 여기 뭐하러 왔느냐
저렇게 높이 올라가는 꿈 먹고 살자고
진흙땅 깊은 물속에 비단길을 만들었나

천 리 길 멀다 않고 달려온 백마같이
손등 위에 넘어진 피 닦고 또 닦아 내려
하늘에 올라간 보살 버선발로 내려왔다.

숫처녀 머리칼로 빗어낸 몸뚱아리
반달이 잠을 청해 그림을 그렸더냐
노란 너의 숨결에 밤을 청해 잠든다.

은어들의 정원
— 자작나무 숲길·86

은빛이다. 아이들을 기르는 가장이었다.
어머니는 배가 아파 웃음을 던지고 떠나갔다.
징용 간 아들 돌아오지 않는 노인의 이야기처럼
은어들의 정원에 와서 노래를 부른다.
나의 노래는 자작나무 숲 끝에 맺혀 있는
거미의 눈알 같은 모습을 하고 있는데
어둠이 오면 나의 숨소리는 금시 비단옷을
만들어 입고 오는 천상의 보살이 있다.

평생을 잠에서 깨어나지 못한 설움을
이해하지 못해서 울고 있던 푸름은
벽오동나무 숲에 내리는 찬 서리 같은
차가운 이슬방울을 머금고 우는 황소
진흙 밭에서 외치고 있는 구름을 본다.

오래도록 불러도 오지 않는 나비는
날개를 펴고 퍼덕이면서 천둥을 치듯
바람이 불어와 잠을 청하는 새벽
그렇게 먹구름은 바람을 몰고 온다.
가거라. 어서 가거라. 하늘 밖으로 가라.

바람의 영혼
― 자작나무 숲길 · 87

자작나무가 바람에 날린다. 이파리는 꿈이다.
바람은 찬 서리를 몰고 오는 차가운 은구슬이다.
청솔가지 끝에 매달려 있는 것은 온몸을 던지려는 자태
누구도 그 앞에서는 저항하지 못해 소리를 지른다.
소리는 금시 가야국의 장수들같이 고구려 장수에게
굴복하는 몸처럼 되었구나
아주 먼 날에 있을 그리움들이 달려와
기다란 창을 허공에 내밀고 있어
원효가 도끼 들고 기둥을 세운다는 억측
누이의 외로움을 달래 주려는 무열왕의 소원

그래서 세상에 설총을 탄생하는 전설
설총은 이두를 만들고 세상을 호령하지 못해
자작나무 숲길에 들어선 몸으로 살자고
그렇게 다짐하고 맹서를 했나 보다.
은빛으로 장엄한 산을 보듬었다.

세상에 저 넓은 무덤 밖에 누가 있길래
어둠이 오는 길목에서 잠을 청하는 새
오랜 날 그 기억을 생각해낸다면

그것은 바로 도솔천궁의 보살들이
뜨겁게 타는 노을을 살라 마신다.

산골짝의 꿈
― 자작나무 숲길 · 88

백색의 비단길을 맨발로 걸었다.
집 잃고 홀로 울던 부엉이 넋을 잃고
산골짝 구름 너머로 무지개가 피어난다.

산을 들어 병풍처럼 걸쳐 놓고 돌아서니
보이는 것이라고는 천상에서 토해낸 눈
그토록 찬란했던 잎 일시에 온몸 벗었다.

먹구름 몰려와서 허공에 맴돌았다.
그것이 원망스런 자태를 보이더니
금 가는 바윗돌 위에 이끼 옷을 입혔다.

비단옷 걸쳐 두고 설움을 탄식하다
긴긴 잠 청하는 곰 발바닥을 만지듯
세상일 모두 잊고자 선사의 설법 듣네.

붉은 물감을 먹은 산등
— 자작나무 숲길·89

붉은 물감을 먹는 산등에 올라앉아
키를 서로 겨누며 자작나무를 바라본다.
붉은 옷 찢어진 채 바람에 나부끼니
잃어버린 사연을 그림으로 그리런다.

아무리 잊으려 해도 잊을 수 없는 것은
내 설움을 풀밭에 던져 버리고자 한다.
한 번만이라도 가슴에 안고 잠을 이루고자
그렇게 서원을 세웠던 약속을 잊었나

불바람에 떨어진 폭탄 같은 물감
히로시마 상공에 던져진 핵폭탄
이것이 누구의 잘못이 아니라고 한다면
아! 말 못하는 인간사.

바람 소리에 눈뜬 심청
— 자작나무 숲길 · 90

바람 소리에 눈을 뜬 심청이었다.
얼마나 아름다운 산천의 신비였나
바다같이 물살 너울이 일어나고 있는데

사슴의 뿔이었다.

기다란 뿔에 눈물을 많이 흘린 이유는
설산에 미륵님이 졸고 있는 모습
눈을 뜨거나 어둠이 오기 전에
깃발을 들고 일어나거라

말굽 소리가 울리고 지나가는 격전지
화살이 비 오듯 쏟아지는 언덕
병든 황소가 걸음을 절룩거리며
바람이 멈춘 산을 오른다.

임진란 때 죽은 영혼들 같은
하이얀 옷을 입고 땅을 울린 피
나의 눈에 흐르는 눈물을 닦아
세상의 뒤안길에 뿌린다.

길 밖에 붉은 옷 입고
― 자작나무 숲길·91

길 밖에 붉은 옷 입고 울고 있는 자작나무야
얼어붙은 겨울날 참고 견딘 인욕을 보였나
그것은 바로 푸른 물살에 울렁이는 숲을 만들어
온몸에 일어난 노을을 안고 떠돌아
바람 소리 불어오는 숲 속으로 간다.
이대로 여기 있다가 잠을 청하는 노루
그 청노루가 하품하고 있는 노을
나의 옛이야기는 피리를 분다.

어쩌다가 이런 인연을 맺게 되었나
전생에 지은 인연을 지울 수 없지만
새로운 사연을 하나 적어 보내면
가는 곳이 어디인지 알 수 없는 곳
그곳으로 가는 배를 타야 한다.

그래도 믿음을 알고 믿는 것을 보면
전생에 지은 인연의 고리라고 말한다.
인연이 없으면 금생에 만날 수 없어
하늘 높이 올라가는 구름을 보면 알아
온몸을 어루만지며 잠을 청하련다.

산아 너는 밤을 부르지 말라
— 자작나무 숲길·92

산아 너는 밤을 부르지 말거라
밤이 깊으면 하늘에 별들이 내려와 속삭이고
떠날 줄을 모르고 있음이다.
산 노을이 잠을 청하는 날
너무나도 처량한 울음소리 듣고 있으니
그것을 듣지 않으리라 말하면
산은 금시 자작나무를 심어
새로운 동산을 조림해
새들이 놀고 있는 터를 만드는구나

밤이 깊으면 밤을 안고 돌아가는 물레방아
그렇게 돌아가는 소리가 들려오는데
말하지 못한 이유를 자작나무 숲은 안다.
백마 타고 가는 금관가야 김수로왕 같은
수염을 늘어뜨리고 달리는 청산에 나비여

눈이 부시도록 바라볼 수 없는 반달도
속옷을 입고 문지방에 앉아서 통곡하는 밤
그림을 그리려다 하늘을 바라보니
밤은 어느덧 구름을 몰고 간다.
그날을 우리는 잊을 수 없구나.

인제 수리산 자작나무 숲
― 자작나무 숲길·93

인제 수리산 자작나무 숲길에 이르니
지상에서 가장 아름다운 마을을 창조하고 있으니
여기는 바로 도솔천궁이 아니면 이러한 궁전을
마련하지 못한다는 것을 알게나

노를 저어라
어서 노를 저어라
고난이 없는
고통이 없는

오직 새로운 희망이 있는 도솔천
그곳에 우리들의 삶의 놀이터를
우리가 조성하는 것이라고
그렇게 기록하자

수리산 자작나무 숲에서 빛이 난다.
은빛이 쏟아지는 행복한 새벽
그림이라도 그려 보자.

숲 속의 여왕
— 자작나무 숲길·94

숲 속의 여왕이다.
이처럼 고운 입술을 하고 서 있는 보살
여기가 바로 미륵이 머문 도솔궁전

누군가 어깨 걸고 달려오는 길
밤이 오면 밤을 부르는 새가
황금빛으로 장엄하다.

죽음의 뒤안길에서도
놀라지 않는 것은

우리가 믿고 있는 여왕
지상의 눈물을 닦아 줄
초승달 눈썹 같은 몸
더욱더 고와라.

호수 위를 거닐며
— 자작나무 숲길·95

호수 위에 떠 있는 나룻배
노 저어 가는 길이 얼마나 험하더냐
물살을 안고 살던 마라도 바위섬같이
흙 한 뭉치도 없는 곳에 자라난 자작나무

그 길에 서서
잠을 청하는 비둘기를 본다.

깃털에 안겨 옷을 벗겨도
우리가 맺었던 언약은 소멸해
그토록 기다린 정을 달래어 본다.
새로운 인연의 삶을 기약하는 보살아

미륵의 입술에 붉게 칠한 노을
저만치 밀려오는 파도처럼
나의 입술에 벌침을 물린다.

천리마는 달리고
― 자작나무 숲길 · 96

동해바다 물살 이고 하늘로 오르려나
몇만 년을 지킨 몸 허공에 날려 버려
잊었던 전설 하나가 청산을 들고 일어났다.

푸른 잎 구슬 밖에 매달아 두었더냐
바람도 멈춘 새벽, 비 올 바람 일어난다.
무지개다리 만들어 건너 볼까 하노라

산등에 올라보니 천지가 눈앞인데
허무한 말 섬기는 꿈 옷 벗어 걸어 두고
먹구름 몰고 온 바람 천릿길을 달리네.

산정에 올라
― 자작나무 숲길 · 97

구불구불 황톳길을 외롭게 걸어 올라
자작나무 숲 우거진 들판을 바라본다.
여기가 바로 정토세상이라고 선언하자
이렇게 선언을 하고 나니 참으로 행복해
저 바다 멀리에 비 올 바람 몰아오고
바위 턱에 실뱀이 혀를 내밀고
지난날을 그림 그린다.

어둠이 내려오면 어둠을 살라 먹고
백마가 외치다가 넘어진 언덕 위에는
삶에 언약을 선언했던 불나비 날아가
어딘가로 가고 있는데 참을 수 없구나
별아 내려오라 어서 내려오라

괴로움이 있는 자들아 어서 웃어라
서러움이 있는 자들아 어서 울어라
여기에 오르면 고통이 사라지고
새로운 창조의 노래만이 울려
청산에 푸른 무덤을 덮고 있구나.

은구슬 눈알
— 자작나무 숲길 · 98

자작나무끼리 어깨를 마주하고 바라본 하늘
서로를 그리워하며 오르고 싶은 곳이 있나 보다.
어디쯤으로 기억하고 있는지 아무리 불러도 대답이 없는데
생각의 깊이에서는 생각의 높이만큼 기억할 수 없구나
기억한다는 것이 참으로 소중한 인연의 속삭임
진달래꽃이 피어오르는 안개를 보듬고
청산을 무너뜨린 폭포수가 되어
포성이 물러간 전선에 철모를 보면서
죽음에서 돌아온 한 마리 새를 본다.

아이들아 너는 여기에 와서 무엇을 배우려나
인간 세상에서 가장 슬픈 것이 자유를 먹고 있다 하지만
밥을 먹지도 못하는 이들아
자유라는 것이 무엇을 말하느냐
웅덩이에 모기 떼가 알을 낳고 있는 세상이 오면
자연의 신비로움은 사라져 버리고 말아

은구슬 눈알 박힌 너의 몸 자작나무야
구름이 몰려와 껍질을 벗기고 또 벗겨 버리면
보이는 것이라고는 첫날밤 속살이 너무도 고와서

그 속살이 너무도 푸르러 바다에 해파리가 된다.
해인사 팔만대장경판 경판에 글자가 되고자 하나.

제6부

자작나무 숲밭
― 자작나무 숲길·99

자작나무 숲밭을 만들자. 조선의 불교다.
아무것도 하지 못하게 했던 세종을 원망하자
무엇 때문에 그렇게 불교를 탄압했는지 몰라
만일 그날에 그러한 일이 없었다면
온 산에 자작나무 숲으로 장엄되어
가난이 없는 멍들지 않는 세상
그런 세상이 되었을 거다.
조상을 원망해서야 되지 않는다고 하지만
조상을 원망하지 않고서는 발전이 없다.

천년이 지나도 그 자리에는 꽃이다.
이제라도 그것을 잊어버리려면
온 산의 사찰에 나무를 심어
자작나무 영혼을 잠들게 해
그러면 떠오르는 것은 오직 꿈이다.

미련을 버리고 살자 말하지만
미련을 버릴 수가 없다는 것을
그날 솟아오르는 태양을 보면 알아
삶의 희망이라는 것이 없는 인연
내일에는 그리움으로 잠을 청해야지.

봄바람 · 2
― 자작나무 숲길 · 100

봄바람 불어오는 숲길에 이르려니
집 잃은 지난겨울 눈물처럼 쏟아져서
잠에서 깨어난 보살 옷 입고 춤춘 나비

서러움 버린 이들 새로운 꿈꾸자꾸나
농부가 쟁기 챙겨 밭갈이하자던데
들판에 아지랑이 꽃 피어올라 잠든 밤

버림을 겁내지 않아 하늘에 매달렸나
구름옷 벗겨지면 소나기 쏟아지듯
앙상한 봄바람 사이 새 잎이 돌아오네.

옷을 벗어라
― 자작나무 숲길 · 101

옷을 입고 일어나 춤이라도 추지요
세상을 원망해도 세월이란 흐르는 물
아득히 먼 날에도 이런 인연 있겠다.

눈물이 많은 보살 설움을 달래어도
귀촉도 울고 간 뒤 눈물이 마르지 않아
저토록 슬픈 사연을 청산에 던지련다.

지상에서 슬픈 사연 꽃바람으로 날리고
비에 젖어 속마음 씻어 낼까 하여도
잊었던 사연 하나가 새 옷을 입혀 주네.

여름
— 자작나무 숲길 · 102

하늘이 내려왔나 푸름으로 장엄했네
떠나간 아들을 그렇게 기다렸는데
태양을 안고 살자던 지난날을 생각한다.

구름은 산을 들고 어딘가로 가려는데
무지개다리를 만들고 반달이 내려왔다.
동자승 기다리는 밤잠을 청해 보련다.

부름에 손을 내어 머물다 가려는 듯
산허리에 푸른 숲 누구를 위함이냐
청산에 꿈을 먹었다. 자작나무 숲이다.

먹구름 · 2
— 자작나무 숲길 · 103

소녀의 젖가슴을 어루만져 보았느냐
모기가 침을 놓고 돌아선 숲길에는
먹구름 쏟아지는 듯 풀벌레 울고 있네

저 언덕 너머에는 구름이 배를 몰고
세상일 잊고자 하여 천상으로 가는데
노을에 잠을 청하는 청노루가 되었다.

구름 밖에 누가 있어 자꾸만 가려느냐
지나간 바람결에 눈을 감고 엎드리니
잠 깨운 천둥 번갯불 청산을 노래한다.

가을
— 자작나무 숲길 · 104

노오란 옷을 입었다. 전생에 맺은 인연이다.
눈이 부시게 바라볼 수 없는 자작나무 숲을 본다.
몸에서는 은빛으로 장엄했는데 붉은 옷 입고
무지개가 다리를 만들고 있는 바람
바람이 되었다. 구름이 되었다.
푸른 물결이 언제까지 그러한 의상을 하고 있으려나
아무리 바라보아도 보이는 것이란 허무한 삶
삶의 깃발을 들고 있는 보살이다.

어떻게 맺은 인연이기에 아름다운 잎
하늘을 붉게 물들이고 있는 폭포 속에 선녀
금시 몸을 단장하고 있는 처녀의 미소
하늘에 떠 있는 반달이 옷가슴 열고
두 팔을 벌리고 만세를 부르는구나

이것은 분명히 천상의 조화였다.
배는 바다에 떠서 하늘을 향해 오르고
파도는 내리쳐서 바다를 들어올린다.
보이는 것이란 졸들이 없는 산천
고구려 장수들의 계급장 같구나.

눈길
― 자작나무 숲길 · 105

아무도 없는 텅 빈 방 외나무다리 위
반달이 내려와서 노래를 부르는구나
옹달샘 솟아올라와 목을 축이는 동자

먹을 것 없는 마을 마음이 빈곤했다.
오늘밤 맺은 인연 허공에 날리우고
그리움 모두 던졌나 설움을 벗 삼았다.

어쩌면 잊으려고 그림을 그렸더냐
밤마다 꿈을 꾸는 백설 같은 얼굴로
구름 밖 천 리 먼 길을 설움 없이 걸었다.

눈밭에서
― 자작나무 숲길·106

눈이 내려 걸음걸음 머물다 가려는데
산길에 이르러니 바람도 멈추었다.
꽃바람 몰아온 언덕 구름을 몰고 간다.

저물어 날 저물어 그립다 말하려나
구만리 하늘 끝에 푸름이 잠을 청해
무엇을 찾을 것이냐 옷을 벗어 던진다.

눈꽃 밭에 들어서면 보이는 것 옷 벗는 몸
서로를 에워싸고 잠을 청해 보았더니
뜨겁게 타는 노을 속 그리움을 먹었다.

해묵은 고목 위에 맺혀 있는 설화여
찬바람 몰아치는 새벽부터 눈물겨워
가난을 벗 삼았던 밤 잊어도 보았다네

날 저문 밤이 오면 구름밭 깔고 앉아
응달을 따라가는 바람도 서러움을
바람에 등불 켜고 온 눈꽃을 던진 보살.

[해설]

시집 『백두 자작나무』의 미학세계

진철문 | 철학박사, 불교미학

　진관 스님의 23번째 시집 『백두 자작나무』의 미학세계를 살펴보기 위하여 스님의 대략적인 수행 여정을 살펴보지 않을 수가 없다.
　스님은 처음에는 문학인인 예술가로 시인으로 출발했으나 이 시대의 아픔인 독재에 항거해 점차 민주화 운동가와 통일 운동가 인권 활동가로 변해 있었다. 그러나 스님의 이러한 사회변혁 운동은 우리 시대의 고난이며 인류의 고질적인 문제점이기도 한 인간의 탐·진·치 삼독의 제거인 계·정·혜 삼학의 실질적인 실천으로 행동하는 것이야말로 부처님의 가르침을 받드는 제자로서 올바른 행동으로 보았기 때문으로 여겨진다. 이제 스님은 학문에 정진해 학자로서 저술가로 그 영역을 넓히고 있으며 화가로서 선화를 통한 포교에도 힘쓰고 있다.

스님은 '내 마음 깊은 곳에 강물 흐르듯' 서정시를 쓰자는 원력으로 시인이 되었고, 정지용과 서정주 시인의 시를 많이 읽었고 정지용 시인의 〈향수〉를 보고 그를 닮으려고 했으나 나중 정지용 시인의 변절을 알고 점차 시대에 적응해 저항시로 나타났다. 스님은 "백록담을 그리워하다가 백두산 천지에 올라 목 놓아 울면서 마침내 심장에 자작나무를 심었고 시로써 아로새겨 세상에 토해낸다!"고 하였다. 민주화 시대에 사상의 자유가 보장되고 이 세상의 모든 사상가들에게 이 시를 바치고 싶다고 했다. 그리고 자작나무를 많이 심어 통일의 나무로 자라 민족의 혼을 일깨우고 세상의 평화를 갈구하는 노래가 되었으면 하는 바람으로 이 시를 쓴 것이다. 그래서 스님은 민주 통일 사회활동으로 4차례의 옥고를 치르고 감옥 속에서도 스님의 정신세계는 불제자로서 생명존중의 사상은 결국 자연 회귀로 이어져 이번의 시집에 나타난 '백두 자작나무 숲길'의 시로 된 것으로 보여진다.

부처님의 가르침인 무소유를 실천하신 무진장 은사 스님의 뒤를 이어 무소유를 실천하신 스님을 이 시대가 용납하지 않는 것이었다. 주지 소임 한번 못한 진관 스님 불제자인 신도 보살이 스님에게 시비를 거는 것은 물론이고 심지어 폭행까지 서슴지 않으니 이 아픔은 분단 민족의 고치기 힘든 병마와 같은 것이다. 아무리 공부하여 박사가 되고 보살이 되어 중생의 고통을 함께 나누더라도, 주지 직함이 제

대로 된 스님의 보증 수표처럼 되어 버린 이 시대 누구의 잘못이라고 말할 수 있겠는가? 스님의 시 〈황토 바람〉에서는,

거미가 집을 지을 수 있는 기술을 배움을 통해서 아는지 알 수 없지만 거미도 집을 짓고 사는데/ 나는 어이하여 머물 집을 짓지 못하나 ∥ 저 거미만도 못한 삶이여.

그러나 스님은 20년 전 조계종단 개혁불사의 주역으로서 94년 백담사 주지로 임명될 기회가 있었으나 끝내 가지 않았다. 이때 '범종단개혁추진위원회' 약칭 '범종추' 의 첫 번째 개혁 대상은 추진위원회 스스로였다. "개혁을 추진한 위원회의 주최는 종단개혁 성공 후 어떠한 종단의 이득을 얻지 않는다." 였다. 그러나 범종추 주역들은 종단의 주요 자리에 나아갔다.

스님은 세월이 흐른 지금에도 스님의 무소유의 수모는 계속되고 있었고 다음 시에도 나타난다.

자작나무를 존경했다. 언젠가는 하늘로 올라갈 꿈/ 그러한 꿈을 꾸면서 뿌리가 내린 풀밭에 누워/ 잠을 청했다./ 첫아들 낳기를 그렇게 기원하는 시어머니의 성화에 겨워/ 황토라도 먹고 싶은 여인의 마음처럼,/ 하늘을 향해 오르는 아들을 낳으려고 삼백예순 날을/ 그렇게 기도했다./ 세찬 바람을 끌고 오는 시베리아 벌판을 달리던 개/ 초상집 개처럼 살지 말라고 말하는 선사/ 그는 참으로 무식한 머슴이었다. ∥ 산문에

들어와서 정각을 이루려고 했던 몸부림/ 그것은 한낱 거짓이
라고 말할 수 있는 말/ 산란을 어쩌자고 그러한 서원을 세우
고/ 이루지도 못할 선언을 하고 있는지 알 수 없다./ 그런 말
을 하고 있는 것이 대견하다고 말한다. // 눈이 내리는 엄동
설한에도 견딘 인욕/ 그것을 배우려고 하지만 배울 수 없는
근기/ 자작나무 아래 앉아서 기다린 기린이다./ 가만히 고개
를 들고 바라본 하늘은/ 아무리 바라보아도 오를 수 없는 꿈
이다.

―시 〈산란山蘭〉

이 시 〈산란山蘭〉은 스님의 무소유 실천의 수모당한 결정
판이었다. 살펴보면 "초상집 개처럼 살지 말라!"라고 말한
스님은 오현 스님이었고 '세찬 바람을 끌고 오는 시베리아
벌판을 달리던 개'는 스님 스스로를 표현한 것으로 보인다.
조주선사는 '개에게도 불성이 있다고 했다가 없다고 했
다.' 개도 개 나름인 것이다. 불가에서는 무소유를 실천하
는 초상집 개가 참된 불성이 있고 불성도 있으니 깨달음을
얻어 부처도 되고 보살도 되는 것이다. 그러나 오현 스님은
진관 스님은 후대에 원효 스님보다 더 높게 평가될 것이라
고 필자와 진관 스님이 함께한 자리에서 말을 하였다.

"해인海印의 세계에서 삼매三昧를 얻기 위해서는 무문관無
門關에 들어가야 한다."

그러나 스님은 18세 동화사 선방의 안거를 시작하여 민
주화운동과 통일 인권운동으로써 선禪의 행·주·좌·와行住

坐臥 어·묵·동·정語默動靜인 걷거나 서거나 앉거나 눕거나, 말하거나 말없거나 움직이거나 가만히 있는 속에서도 항상 깨달음을 구하는 행선일체行禪一體의 선객의 면모로 살아왔다. 그리고 23권의 시집을 발간한 것은 시로써 수행한 것, 즉 시선일체詩禪一體로 시작하여 시선일미詩禪一味하고 시선이여詩禪一如로 나아가는 구도의 여정을 볼 수가 있는 것이 진관 스님의 선시의 미학인 것이다.

스님은 이 시집에서 자작나무가 깨달음의 주체인 부처님을 상징함을 알 수가 있다.

"자작나무를 존경했다. 언젠가는 하늘로 올라갈 꿈/ 그러한 꿈을 꾸면서 뿌리가 내린 풀밭에 누워/ 잠을 청했다."(〈산란山蘭〉) 그래서 자신을 '목가지가 긴 기린'으로 표현하면서 "눈이 내리는 엄동설한에도 견딘 인욕/ 그것을 배우려고 하지만 배울 수 없는 근기"인 멋있게 자란 자작나무를 닮으려고 말하고 있는 것이다.

이러한 세계관은 불교 미학의 백미인 『관무량수경』의 16관경에 나타난 보수관寶樹觀으로 나무와 수목의 묘용을 알아차리면서 진신관眞身觀으로 나아감을 알 수가 있다. 다음 시에서 잘 나타난다.

1.
자작나무의 서원이다. // 해인사에 보관하고 있는 목판은/ 본래 해인사에 있었던 것이 아니다. // 몽고가 고려를 침략했을 때 고려 백성들을 모두 버리고/ 최우가 강화도로 피난을

갔다. // (중략)

2.

최우가 생각해낸 것이 바로 대장경을 목판으로 만드는 일,/ 그 일을 하기 위해 송광사에 있는 혜심을 찾아가 말했다. // 혜심은 말했다. // 정혜결사의 정신을 전승하려면 불교 결사를 통해/ 나라를 지키는 호국 목판을 조성해야 한다고// 그 말을 듣고 불사를 시작했다. //

3.

몽고 군사들은 그러한 힘을 모으고 있는 고려왕을 보면서/ 강화도에 보낸 최우를 찬양했을 법하다. // 고려를 버리고 떠나간 최우// 몽고는 고려 국토에 말을 몰고 달리는 경마장 같은/ 그러한 악행을 하였다. //

4.

최우는 혜심을 존경해 자작나무 숲이 우거진 산지를 찾아/ 자작나무를 베어 바다에 넣고 짠 소금을 먹였다. // 소금 먹은 자작나무는 3년간 바다에 있다가 몸을 보인다. // 몸은 아름다움을 뽐내며 하얀 속살 드러낸다. //

5.

평양 기생 살결도 자작나무보다 곱지 않다는 전설같이/ 몽고 군사들은 평양의 기생들을 바라보면서/ 자작나무 숲길을

걸었다. // (하략)

—시 〈해인사 팔만대장경판〉에서

  진관 스님은 맺는 글에서도 "자작나무 숲을 가꾸는 것은 해인사에 보관하고 있는 팔만대장경판의 재료[1]가 자작나무라고 하니 참으로 소중한 일이다. 자작나무 숲을 가꾸는 것은 수행자들이 해야 할 작업이기도 하다."라고 했다.
  스님은 시집에서 자작나무의 효용은 부처님의 말씀을 정성껏 새긴 팔만대장경판으로 다시 태어난 것은 부처님께서 자작나무로 환생하고 다시 몸을 경판으로 바꾸시어 직접 말씀을 전하고 있는 것으로 표현하고 있는 것으로 보인다. 이러한 관점은 석가모니 붓다께서는 생전에는 육성으로 법을 전하시었고 때론 연꽃을 들어 법을 전하시기도 하였지만, 부처님 열반 후 지금은 경판 인쇄나 더욱 발달된 인쇄매체로 진리의 그 법을 전하고 있는 것이다.
  아! 이 얼마나 아름다운 선시의 세계인가?*

---

[1] 대장경판의 재질은 지금까지 자작나무로 알려져 왔으나 250장 표본 조사에서 전자현미경을 이용한 조사 결과 산벚나무와 돌배나무가 75% 대부분이고 자작나무는 8%이고 층층나무 6% 단풍나무 후박나무 3% 버드나무 굴거리나무도 1장씩 있었다. 1251년에 완성되었고 지금까지 남아 있는 목판은 문화재청에서 밝힌 공식 숫자 8만 1,258장이며 전체의 무게가 무려 280톤이다. 경판의 두께는 4센티미터, 8만 1,258장을 전부 쌓으면 그 높이는 3,200m로 백두산의 2,744m보다 높다. 팔만대장경은 해인사에 보존되어 있다.

맺는 글

『백두 자작나무 숲길』이라는 시집을 발간하였는데 의도와는 다름을 발견하였다. 그래서 다시 새롭게 보완하여 『백두 자작나무』로 시집을 발간하기로 하고 편집을 부탁하여 표지는 내가 그리고 출판사를 한강으로 변경하였다.

도서출판 소리숲 고명진 시인에게도 고맙다는 인사를 올리고 또한 매천문학상을 수상한 시집이라는 점에서 소중하게 여기고 싶다. 아울러 그동안 시집을 읽어 준 많은 독자들에게 인사올린다.

어느 날 탑골공원에서 시집을 소지하고 있는 독자 한 분이 책을 들고 와서 확인하는 것을 보고 감동했다. 그분에게도 인사드린다.

* * *

『백두 자작나무』란 시집을 발간하게 된 것은 불교계에서 소유하고 있는 무용지물 같은 산을 활용해 보자는 의미에서 시작했다. 그러면 앞으로 사원 경제를 해결하는 데 좋은

방안이라고 생각했다. 물론 전국의 24개 본사에서 소유하고 있는 사찰의 산들을 토양에 맞는 수종을 심어 사찰을 활용할 수 있는 것은 특수 산림이라고 할 수 있다.

 특히 자작나무 숲을 가꾸는 것은 해인사에 보관하고 있는 팔만대장경판의 재료가 자작나무라고 하니 참으로 소중한 일이다. 자작나무 숲을 가꾸는 것은 수행자들이 해야 할 작업이기도 하다. 이것을 실현하기 위해서는 개인적인 의지로서는 시행할 수 없다. 종단에서 수익사업으로 시행해야 할 사업이기도 하다. 그리고 중앙승가대학에 산림을 전문적으로 심고 조림할 수 있는 조림학과를 설치하여 전문가를 양성해야 한다.

 이 맺는 글은 한국, 중국, 일본 3국 불교 지도자들이 중국 해남도에서 모여 불교의 역할을 다하려고 토론하는 회의에 참여해서 썼다.

2013년 11월 26일
해남도에서 진관

진관 스님 수행 이력

수행

1948. 광주 무등산 탄생
1963. 12. 홍복사 입산 후 출가 행자의 길
1964. 김제 금산사
1965. 계룡산 갑사
1966. 향곡 친견 원래 관음사
1967. 동화사 금당선원 100일 용맹정진
1968. 해인사 비구계수지
1968. 선학원 거주
1968. 조계사 거주
1969. 범어사 강원 사집과 이수
1982. 종단개혁을 위한 23일간 단식
1984. 국민회의 감사
1985. 민통련 창립 불교 대표 참여
  민중불교운동연합 창립
1986. 민통련 인권위원장
  정토구현 전국승가회 창립
1987. 전두환 호헌발언 철폐 서명
1988. 민주자주통일불교운동협의회 창립
1989. 이철규 열사 진상규명 단식(광주 전남대 병원 앞)
1990. 11. 20. 불교인권위 창립
1991. 정신대할머니집 건립 추진위원장
  강경대 열사 장례 참여
1991. 전민련 평화위원장

1994. 종단개혁 참여 법난대책위원장
1995. 불교인권위 공동대표
1999. 4. 8. 부처님 오신 날 봉축 남북공동기도문 제안(북－보현사 광법사 성불사) (남－서울인권법당 광주미륵정사 부산 문수사)
2000. 평양 방문 불교평화연대 대표
2014. 심양 방문(조불련 회담)
2015. 무진장불교문화연구원 원장 취임

학력
1976. 3. 1. 동국대학교 불교대학 승가학과 입학
1979. 2. 22. 동국대학교 불교대학 승가학과 수료
1986. 2. 22. 서울예술대학 문예창작과 졸업
1990. 2. 22. 광주대학교 사회과학대학 신문방송학 학사
1992. 2. 24. 조선대학교 교육대학원 교육학과 석사(국어교육 전공)
1999. 2. 24. 동국대학교 행정대학원 북한학과 석사(통일정책 전공)
2007. 8. 23. 중앙승가대학교 대학원 박사과정 수료
2010. 8. 동국대학교 선학과 대학원 박사과정 수료
2012. 2. 중앙승가대 박사 졸업: 문학박사(논문: 동산의 불교계 정화운동 연구－한국불교정통성 회복을 중심으로)
2013. 8. 동국대학교 박사 졸업: 철학박사(논문: 용성연구)

교육
1982. 중앙승대가 교무처장
2006. 9. 1.~2007. 2. 28. 신도교육론(3) 강사
2007. 3. 1.~2007. 8. 31. 응용불교학(3) 강사
2007. 9. 1.~2008. 2. 29. 종전강독(3) 강사

종단
1994. 4.~1994. 11. 개혁회의 의원
1994. 11. 제11대 대한불교조계종 중앙종회 의원
2008. 대한불교조계종 불학연구소 불교사학연구위원회
1990. 한국불교 종단협의회 인권위원장

문학
1974. 《시문학》 1회 추천
1976. 《시문학》 시인 추천
1982. 《현대문학》 시조 1회 추천
1991. 《희곡문학》 희곡 당선

구속
1987. 2. 7. '박종철 열사'에 대한 항거 구속
　　　　　6·10 민주항쟁 참여 구속
　　　　　대우조선소 이석규 열사 장례방해죄 수배
1996. 국가보안법 구속 10년 구형
1998. 특별사면 석방
1999. 국가보안법 구속(국가보안법 무죄)

저서
『고구려 시대의 불교 수용사 연구: 한국불교정화운동연구』(2008, 진관·각의 공저), 『근대불교정화운동사 연구』(2009), 『태고 보우 임제종 연구』(2010, 지원·진관 공저), 『청담 스님 연구』(2013), 『효봉 선사의 불교사상 연구』(2015)

시집
『물결 갈라지는 곳에서』(1977, 제1시집), 『내 마음 깊은 골에』(2010,

제1시집 제목 변경 재간행), 『무언의 광장에 서서』(1978), 『귀향』(1979, 박진관·자명·황청원 3인 시집), 『한 자락 남은 마음』(1979), 『아사달의 연가』(1981), 『까마귀 우는 산』(1981), 『목마른 마당』(1982), 『108사랑』(1982), 『산에 와서 살 때가 더 좋다더니』(1994), 『지나간 세월』(2000), 『칡꽃이 필 때 만난 사람』(2004), 『법장 스님을 그리워하며』(2005), 『조선의 꽃씨』(2008), 『거동사의 노래』(2009), 『문수의 자화상』(2011), 『이상은 사미니 분신 49제 추모시집 화중련』(2011), 『떠나가는 배』(2013, 무진장 스님 추모), 『백두 자작나무 숲길』(2014), 『백두산에 올라』(2015)

수필집
『부처님이시여 우리 부처님이시여』(1980)

동화집
『스님 사랑해요』(1993)

소설
『다라니』(1981)

서간집
『감옥으로 보낸 편지』(2006)

공연
희곡 〈선객〉(1982, 창고극장에서 공연), 희곡 〈염화미소〉(2002, 창고극장 공연), 희곡 〈법난〉(2013, 창경궁 극장에서 공연)

백두 자작나무

발행 | 2015년 11월 20일
지은이 | 진 관
펴낸이 | 김명덕
펴낸곳 | 한강출판사
홈페이지 | www.mhspace.co.kr
등록 | 1988년 1월 15일(제8-39호)
주소 | 서울시 종로구 인사동길 5, 408(인사동, 파고다빌딩)
전화 735-4257, 734-4283 팩스 739-4285

값 12,000원

ISBN 978-89-5794-316-8 04810
      978-89-88440-00-1 (세트)

※ 저자와의 협약에 의해 인지는 생략합니다.
※ 이 도서의 국립중앙도서관 출판예정도서목록(CIP)은 서지정보 유통지원시스템 홈페이지(http://seoji.nl.go.kr)와 국가자료공동목록시스템(http://www.nl.go.kr/kolisnet)에서 이용하실 수 있습니다.(CIP제어번호: CIP2015031159)